本书得到云南省"兴滇英才支持计划"青年人才专项培养经费资助

| 光明社科文库 |

创业网络下共享农业
组织协同创新机制研究

浦仕喜　孙永河◎著

光明日报出版社

图书在版编目（CIP）数据

创业网络下共享农业组织协同创新机制研究 ／ 浦仕喜，孙永河著 . -- 北京：光明日报出版社，2022.9

ISBN 978 - 7 - 5194 - 6742 - 5

Ⅰ . ①创… Ⅱ . ①浦… ②孙… Ⅲ . ①农业合作组织—研究—中国 Ⅳ . ①F321. 42

中国版本图书馆 CIP 数据核字（2022）第 153370 号

创业网络下共享农业组织协同创新机制研究

CHUANGYE WANGLUO XIA GONGXIANG NONGYE
ZUZHI XIETONG CHUANGXIN JIZHI YANJIU

著　　者：浦仕喜　孙永河

责任编辑：刘兴华　　　　　　　　责任校对：李　晶

封面设计：中联华文　　　　　　　责任印制：曹　净

出版发行：光明日报出版社

地　　址：北京市西城区永安路 106 号，100050

电　　话：010 - 63169890（咨询），010 - 63131930（邮购）

传　　真：010 - 63131930

网　　址：http：//book. gmw. cn

E - mail：gmrbcbs@ gmw. cn

法律顾问：北京市兰台律师事务所龚柳方律师

印　　刷：三河市华东印刷有限公司

装　　订：三河市华东印刷有限公司

本书如有破损、缺页、装订错误，请与本社联系调换，电话：010-63131930

开　　本：170mm×240mm

字　　数：185 千字　　　　　　　印　　张：13. 5

版　　次：2023 年 1 月第 1 版　　　印　　次：2023 年 1 月第 1 次印刷

书　　号：ISBN 978 - 7 - 5194 - 6742 - 5

定　　价：85. 00 元

序

多年来，我国农业产业化快速发展，衍生出了多种形式的农业合作经营组织，极大地丰富了我国农业产业现代化发展的组织保障。在我国农村经济不断发展、农业市场不断壮大的情况下，传统农业产业组织模式已经不能适应市场变化，农业经营组织分散、合作关系脆弱、金融供需不匹配、市场信息不畅通等顽疾制约了农业产业转型发展，而共享型农业组织的出现为整合互联网经济、发挥农业产业链价值、有效激发农业产业开发活力提供了新的载体。当前，现代农业产业的组织模式创新已成为农业转型发展的热点研究问题，而我国正处于共享农业组织的推广试点阶段，此类组织协同管理机制的完善也成了新时代乡村振兴导向下的难点问题，但缺乏与之相关的系统理论研究成果。鉴于此，本研究紧密结合我国农业产业现代化及乡村振兴的政策导向，从共享农业、创业网络、协同创新、组织协同等相关概念内涵的解析入手，首先基于实地调研和文献研究归纳了共享农业组织的主要发展特征及现状，其次采用实地调研、问卷调查和实证分析等方法，分别面向组织内部创新效能集聚、组织间创新知识共享、组织外部环境适应探讨和检验了创业网络规模、中心性、强度对共享农业组织协同创新的影响机理，明确了智力资本差异、创业模式融合方式、网络关系治理导向在其中的作用途径，最后依据前述结论提出了推动我国共享农业组织协同创新的对策建议。

考虑到不断建立和改革多元主体的分工协作机制、多类资源要素的共享机制、多种形式的利益共享机制是共享农业组织的主要发展路径，本研究基于文献研究方法与个人农业创业实践经验，梳理了共享农业组织产生的政策驱动力、市场驱动力、企业内部驱动力等内容，从产业联结、要素联结、利益联结三个方面归纳了共享农业组织的"共享"特质，梳理了我国农业现代化及农业组织创新发展的主要成效和存在的问题，并基于共享农业组织的这些协同管理特征进一步提出了本研究关注的三个理论研究核心问题："创业网络中心性、智力资本差异对共享农业组织内部创新效能集聚的影响机制""创业网络规模、创业模式融合方式对共享农业组织间创新知识共享的影响机制""创业网络强度、网络关系治理导向对共享农业组织外部环境适应的影响机制"。相关研究内容和结论具体如下：

首先，针对共享农业组织的特殊经营情境，借鉴创业网络理论，从点度中心性、中介中心性两个方面梳理了创业网络中心性的内涵及分析维度，解析了它对共享农业组织内部创新效能集聚的影响，并探讨了组织层面智力资本差异的中介作用以及竞争强度对上述内容的调节作用。在构建该理论模型的基础上，本研究基于206份样本的实证分析表明：创业网络点度中心性和创业网络中介中心性均正向影响共享农业组织的内部创新效能集聚，组织中的智力资本差异在创业网络中心性促进共享农业组织内部创新效能集聚的过程中起中介作用，竞争强度对创业网络中心性与共享农业组织内部创新效能集聚的调节作用通过智力资本差异传导。

其次，针对共享农业组织的经营情境，梳理了农业创业网络规模的内涵及分析维度，解析了不同创业网络规模对共享农业组织间创新知识共享的影响，探讨了合伙、协作两种创业模式融合方式在其中的中介作用，并面向变革型和交易型两种不同的领导风格分析了对上述作用过程的调节效应。在构建该理论模型的基础上，本研究基于212份样本的实证分析表明：低、高创业网络规模均正向影响共享农业组织间的创新知识共享，创业模式融合方式在创业网络规模促进共享农业组织间创新知识共享的过程中起中介作用，变革型领导风格正向调节合伙式创业模式融合方式对共享农业组织间创新知识共享的促进作用，交易型领导风格正向调节协作式创业模式融合方式对共享农业组织间创新知识共享的促进作用。

最后，借鉴农业创业、创业网络理论，梳理了共享农业组织的创业网络强度、网络关系治理导向、外部环境适应与创业绩效的内涵及分析维度，解析构建了强关系、弱关系对共享农业组织外部环境适应作用的主效应、中介效应与调节效应理论模型。在构建该理论模型的基础上，本研究以219份云南省共享农业组织为样本的实证分析表明：强关系、弱关系创业网络均正向影响共享农业组织的外部环境适应，内部主导、外部主导两类创业网络关系治理导向分别在强、弱创业网络强度促进共享农业组织外部创新环境适应的过程中起中介作用，主观创业绩效正向调节外部主导下的弱网络关系治理对共享农业组织外部环境适应的促进作用，客观创业绩效在内部主导下强网络关系治理对共享农业组织外部环境适应中的调节作用不显著。

综上，基于创业网络的研究视角，本研究对共享农业组织协同创新的问题导向、构架维度和机制要点进行了系统解析和实证检验，聚焦组织内部创新效能集聚、组织间创新知识共享、组织外部环境适应三个核心机制建设完善问题，梳理构建和检验了相应理论模型，并提出了推动共享农业组织协同创新的相关对策建议，对中长期推动我国农业组织变革具有一定的理论借鉴意义和实践指导价值。

目　录
CONTENTS

第一章

绪 论

第一节 研究背景

我国是农业生产大国，农业、农村和农民（"三农"）问题一直以来是党和政府关心的重点问题。经过多年的长期实践和体制机制创新、政策改革，我国在农业产业组织制度创新方面取得了丰富的实践成果，家庭联产承包责任制的责任到户有效释放了农业个体的生产效率，取消农业税的政策深度调整了农业生产的成本结构和农民作业成本，"三权分置"有效推动了土地市场化改革，这些重大农业政策调整为我国不断提高农业产业的规模化经营与现代化发展提供了坚实的政策保障。但需要认识到的是，虽然取得了上述农业产业政策变革的突出成就，但我国仍然面临产业组织运行及管理机制方面的诸多问题，以个体农户为单位的散点式经营模式依然是我国农业经营的基本主体，难以形成有机融入现代化农业产业链发展的有效组织模式。

20世纪90年代以来，我国先后探索了"公司+农户""公司+合作社+农户""公司+租赁农场"等多种形式的农业产业化组织模式创新形式，有效拓展了农业产业化的多维度经营主体，出现了专业种植大户、家庭农场、农民专业合作社，提高了农业产业的产业链运营效率，但

"搭便车"行为、损害农民利益的行为依然屡禁不止，且农业产业的金融发展问题一直停滞不前。推动农业产业多主体合作经营的过程中发现以下问题：农业加工企业面临较为严重的原材料供应不稳定风险，初级农产品质量安全保障与供给规模严重制约了企业发展；家庭农场的小农经营意识仍普遍存在，技术、资金及相关社会化服务短缺仍然严重制约着它们的发展壮大；合作社的服务对象、服务内容和模式创新不足，正常经营缺少足够稳定的途径和方式。这些不同经营主体存在的问题，严重限制了农业产业的资金、技术、人才流通、转化，难以适应当前农业的产业链整体竞争新格局，分散经营主体的低强度利益联结关系难以推动基层农业生产经营者跳出低收入陷阱，产业链层面农业品牌打造与产品附加值提升的策略联动效应愈加突出，需要多维度农业经营主体进一步加强协同合作与创新发展。在此背景下，为进一步增强盈利能力、抗击农产品市场风险，提升农业供给质量，具有更高农业产业分工和稳定要素流动的农业产业化联合体（以下简称"联合体"）应运而生，并在持续提高农业产业开放发展的过程中形成了共享农业组织模式，为当前我国农业产业的组织模式探索指明了新的方向。但近年来，联合体模式在"互联网+农业"领域的探索限制愈加明显，难以满足日益多元化农业经营主体的产业链、价值链层面快速融合与发展的需求。在这种背景下，海南省于2017年首先提出"共享农庄"概念，并率先进行了试点实施，其模式也得到了中央及各地的充分肯定，形成以共享农庄、创意农业、农业大数据应用、"互联网+农业"为主的共享农业新模式，呈现出蓬勃发展的趋势。

党的十九大报告提出实施乡村振兴战略，指出"要坚持农业农村优先发展，按照'产业兴旺、生态宜居、乡风文明、治理有效、生活富裕'的总要求，建立健全城乡融合发展体制机制和政策体系，加快推进农业农村现代化"。实施乡村振兴战略，是党中央对我国"三农"

问题的深谋远虑，如何进一步有效增加农民收入、挖掘农村经济增长点、探索农业产业发展与农村发展的有机融合机理，是当前农业组织模式创新所应关注和考虑的重点问题。在乡村振兴这一重要的政策背景下，近年来，农业与创新创业相结合，催生了许多新兴的产业发展模式，尤其在共享农业组织方面形成了不少突破，农业组织广泛高效率整合了科技创新农业、创意农业、智慧农业、"互联网+"等方面诸多高附加值产业服务功能。农业农村部原部长韩长赋在全国农业工作会议上强调，拓展农业功能要效益，鼓励发展共享农庄、分享农场、创意农业、特色文化产业，表明共享农业作为农业多样化发展的形式之一，其蕴含的巨大发展潜力和经济效益，即将成为农业经济提质增效的重要增长点。这表明农业产业多样化发展已经成为新时期农业发展的主要趋势，而关注和解决共享农业组织多元农业产业主体合作形式下的协同管理效率提升与协同创新优势挖掘，日益成为重要研究内容，开始得到业界和学界的逐渐关注。

一、共享农业正在成为挖掘农业潜在生产力的重要趋势

随着共享单车、共享汽车、共享充电宝等产品的日益普及，共享经济的发展规模和用户规模也在日益扩大。共享经济作为一种新型的资源配置手段，通过二次利用闲散资源，以与其他人有偿分享的形式对现有资源进行有效的再配置，极大地改变了人们的生活出行方式，更为创新社会经济发展方式提供了崭新的思路。在这种潮流的引导下，以共享思维为基础的共享农业概念逐渐兴起，并与农业经济的多方面生产要素相结合，形成以共享农庄、创意农业、农业大数据应用、"互联网+农业"为主的共享农业新模式，呈现出蓬勃发展的趋势。海南省对共享农业组织形式进行了试点实施，在财政、金融保险、用地等方面对共享农庄建设予以政策支持，开发了多条相对成熟的休闲农业与乡村旅游精品线路与景点，较成体系的建设了部级休闲农业示范县、省级农业公园、省级休闲农业示范点，有效带动了农民增收和农村建设发展。同时，针对"互联网+农业"的创新发展趋势，近年来，我国大多数省份都开展了农业电子商务试点，探索鲜活农产品、农业生产资料、休闲农业等电商模式，电子商务进农村综合示范项目得到了广泛重视、产生了良好的销售效果、带动就业人数超过 3000 万人，并针对 428 个国家级贫困县探索建设了国家级贫困县精准扶贫试点，借助农业电子商务有效拓展了"老少边穷"地区的农业产品销路，提升了贫困地区的社会关注程度，以贫困区优质农产品产销途径建设为依托，开拓形成了内涵更为丰富的扶贫新机制。特别是伴随着互联网技术在农业产业生产经营活动中的广泛应用，越来越多的政府投入加速了"互联网+农业"的应用场景创新。而面向这一快速发展的技术应用场景创新过程，如何让更多的农业经营主体到产业链价值创造及合作中，仍迫切需要相关组织形式实现跟进探索和完善，以便于进一步建设形成有效的多主体协同管理模式。

二、组织协同创新机制正在成为拓宽农业创新深层次发展路径的重要基础

协同创新是指由自我激励的人员组成网络小组，形成集体愿景，借助网络交流速录、信息及工作状况进行合作，从而实现共同目标的创新过程。而组织协同创新更强调的是，在创新实践过程中，基于自身创新优势和研发需求，通过协同各个创新主体所形成的较为稳定的组织创新模式和机制。目前，在我国农村现有生产组织形式中，合作社、农业企业和生产基地是我国主要的农业生产产业组织类型，农业生产组织发挥着产业链整合及产业链价值增值的重要作用，已经成了多元化农业经营主体的合作中心。农业生产经营活动中的专业分工趋势日益加快，农事活动的家庭经营内容从以往的不同家庭生产不同的基础作物或产品，转变为不同家庭仅完成某种产品形式或农产品加工中的某个特定环节，因此极大丰富了农业经营的主体形式。而由于专业分工的逐渐细化，标准化农业生产使得大规模农业发展中不同农业经营主体间的合作关系呈现出越来越高的依存性，不仅出现了产前联合、产中联合、产后联合，而且出现了综合生产要素的联合，资本、技术、人才、政策、模式的综合作用对农业合作开发组织的重要性日益突出。为了集聚更多资源实现规模化发展，股份制合作形式成为众多联合体组织的合作方式，通过将不同参与主体的农业资源折算成等价值的股份，为不同参与主体提供了保障权益、增值发展、创造流动性的有效机制，推动形成了同股同权、同股同责、同股同利、利益共享、风险同担的治理机制，为进一步集聚更多社会资源投入农业产业现代化发展提供了有效的合作基础。

基于共享农业创新网络的新时代发展要求，农业机制创新在近年来进行了多方面有益的实践。共享农业组织的经营内容更加多元，产业联合范围更加广泛，组织形式更加灵活，具有产业多元化、经营跨行业、范围跨地区等生产作业特点，且与现代信息技术融合的程度更高，对组织形式的包容性与协同管理效率提出了更高的要求，需要探索形成更加开放和弹性化的组织形式以融合先进生产销售技术，建立标准化、规模化的生产形式，有效聚集各种农业优势资源，充分发挥资金、设施、机械等要素的规模效应，提高专业化分工模式和利益联结机制，使农村经济发展更具活力。实践情况也表明，虽然农业技术的创新应用步伐逐渐加快，农业发展支持政策层出不穷，但农业创业活动的成功率偏低，农业企业在设立发展过程中面临众多的协同合作管理问题，农业组织协同创新的有效模式仍需进一步探索，导致许多企业难以迅速形成支撑其正常运营的基本能力，或是容易进入发展平台期，难以积极谋求转型发展空间，对迅速变化的农业产业发展环境响应不足。同时，大量的农村创新实践表明，单纯注重创新技术和组织形式的多样性难以保证创新创业的有效性，需要将多种创业优势资源进行有效整合应用才能提高创业创新成功的概率，因此关注组织协同创新机制的内涵、结构、整合路径，拓展农业创新深层次发展的思路具有重要研究价值。

三、创业网络已经成为保障农业组织创新效率的重要载体

以共享农业为核心的农业发展理念和组织协同创新思想在催生了多样化农业经济增长点的同时，也对新形势下农业发展的组织创业网络基础提出了挑战。创业网络是指由创业过程中创业者或新创企业等彼此联系的不同网络节点构成的网络拓扑结构，主要包含创业主体内部交流、创业主体知识背景信息、创业网络治理结构以及网络整体动态协调。党中央、国务院高度重视农业发展和农村创业工作，在党的十九大报告中也特别强调要促进农村一、二、三产业融合发展，支持返乡下乡人员到农村创业创新。近年来，随着国家逐渐加大农业领域的投资和对创新创业活动的政策支持，许多大学生、农民工，包括科技人员、退役军人和城市里的一部分人积极投入到了农业创业活动中，丰富了农业创业的生态体系，成了农村新技术、新产业、新业态、新模式的承担者、使用者和创造者，大量的新型农业经营者广泛整合社会资源开展了农业产业融合开发、互联网服务、金融手段创新，成为农村经济社会发展的新动能。当前，伴随农业经营活动标准化的持续推进，农业经营要素日益多元化，基于快速变化和连接的网络经济经营需求，农业创业企业间的创业网络管理问题日益重要，对农业企业不断整合资源、转变发展能力、增强环境适应性具有重要作用，有助于统筹城乡发展差距、增加劳动力和资金转移的效率、帮助农业经营主体快速形成创业基础。农村创业网络独具灵活性、包容性和联通性，对于高效协同回乡农民工、大学生村官、当地农民为主的多层次复杂性的农业创业主体，有效整合农村特有资源、农业发展市场、可利用人力资源以及其他社会资金等多样性资

源，充分集结农业创业的固有优势，挖掘农业创新的潜在动力具有重要意义。因此，面向创业网络层面的农业创业活动特征，健全农村双创的促进机制，是支持多维度农业创业主体参与农村创新创业实践的重要基础，是推动农业创新创业向更高质量更高水平发展的重要前提。但在现有研究和实践中，对创业网络在农业创业的研究应用成果较少，相关研究主要集中在以大学生、农民工为主体的创业行为和效应，农村创业主体间基于地缘、亲缘等关系对创业的影响以及企业进行农业创业投资等方向。对于各类创业主体而言，尽管农业创业拥有政策扶持和巨大市场潜力，但仍然存在基于组织、信息、资金、宣传、成长等方面的壁垒，在创业实践中利用现有的条件难以有效跨越。因此，系统思考如何利用创业网络的统筹整合能力，协同具有差异性教育实践背景、行为个性特征、复杂人际关联的农民工、大学生、退役军人以及其他创业企业等农业创业主体，建立动态有序的创业网络，激发和保障农业创新绩效稳定涌现，是当前共享农业创新面临的主要问题。

第二节　研究目的及意义

一、研究目的

在目前共享农业协同创新战略意义凸显、创业网络保障性功能日益提高的情况下，针对合作主体特征差异显著、合作阶段动态管理需求突出、协同管理软实力作用提升的现实需求，如何辨析共享农业发展的关键问题和前景方向，如何在创业网络视角下探讨共享农业组织协同合作的核心议题，进一步提高共享农业组织的内外部协同创新能力和绩效，是本研究需要解决的主要问题和主要目的。因此，本研究主要从共享农业、创业网络、协同创新、组织协同等概念内涵的解析和主要理论进展归纳入手，将在分析共享农业组织协同发展主要特征的基础上，分析共享农业组织的发展趋势和主要协同管理内容，并进一步结合文献研究与问卷实证的研究方法解析和验证共享农业组织的主要协同创新机制。具体而言，有以下几方面的研究目的：

首先，系统梳理共享农业组织的概念、发展驱动力和基本经营管理特征等内容，并结合现代农业组织模式创新的国内外发展现状及经验启示，剖析共享农业组织发展的主要协同管理内容，提炼共享农业组织协同创新机制的重要解析主题。

其次，采用文献研究与问卷实证的研究方法，在借助创业研究、组织行为与农业产业管理等领域理论研究进展的基础上，对相关成果进行理论整合，进一步提出共享农业组织协同创新机制的主要研究命题、研究假设和基本研究方案。在针对共享农业组织协同创新机制解析议题构建理论假设模型的基础上，采用规范的实证研究方法，进一步梳理适用于本研究情境的调查问卷，并整合调查资源开展有效的问卷收集、整理工作。结合实证统计分析结果，在讨论评述相关理论假设的基础上，进一步阐释相关研究的理论贡献和实践指导价值。

最后，结合协同创新机制的问卷实证研究结论，在分析当前产业发展环境与政策导向的基础上，针对贡献农业组织协同创新机制建设的核心议题，提出完善相关共享农业组织协同创新机制的对策建议，进一步增强研究的实践指导价值。

二、研究意义

从目前农业扶持的政策引导方向和发展趋势来看，农业共享创新正逐渐成为农业组织转型发展的热点，同时农业组织机制的改革多样化也成为乡村振兴导向下的焦点。因此本研究基于创业网络视角，对共享农业的协同创新机制的问题导向、构架维度和机制要点进行了系统研究。响应了国家对"三农"问题的主要政策导向，在创业网络视角下探讨农业组织的协同创新管理机制，对提升农民素质能力、推动农业转型发展、保障乡村振兴具有一定的理论研究意义和实践探索价值。具体而言，针对研究目的提到的主要研究问题，研究意义主要表现在以下三个方面：

首先，基于农业发展面临的瓶颈，着眼于创新创业研究的主要趋势，关注农业共享创新的发展潜力和方向，对解决农业组织创新发展的现实问题具有一定的实践研究价值。具体而言，长期以来，农业发展面临生产方式单一、发展理念落后、农村资源利用不足、发展方向不明确、发展水平不对称等问题，严重制约了农村经济发展的活力。而引入创新创业领域的管理理念和思想，能够拓展农业组织管理和变革的研究视角，丰富农业组织创新的实践认知和应用方向，从创新创业维度整合农业组织协同的现有优势资源、激发新情境下农业经济发展的创造性潜力、吸引农村创业的各方面主体，激发农村产业的融合发展创新活力，为解决"三农"问题和实现乡村振兴提供新的治理思路。

其次，解析创业网络的概念特征以及对共享农业组织协同管理的导向作用，深度刻画了创业网络主体与共享农业形式之间的协同效应，能够解析差异性网络主体、协作层次以及整体机制下的共享农业组织协同创新导向和趋势，具有重要的理论和现实研究意义。第一，共享农业作为共享经济时代农业发展的热点，对农村资源和设施的共享、农业产品仓储物流的发展以及农业创新发展新思路的开拓都具有重要意义，同时，共享农业与互联网等先进科技结合，突破了传统的时空限制，最大化利用了现有的资源，缩短了商家和用户的距离，极大地调动了农民参与的积极性，丰富了农民的创收模式，实现了"共建、共享、共赢"的发展理念。第二，共享农业也存在发展中的短板和弊端，例如，土地资源利用、个性化特征满足、权益分配模式、运营网络模式等，需要辅以创新网络、协同创新机制来激发持续性的活力。创业网络以其开放性、多元化、互动性和整合性的特征为创新共享农业组织的合作模式、沟通机制、盈利体系、分配机制等提供了探索空间，能够激发创业主体的创新活力，充分释放农业组织的"人才、资本、信息、技术"等创新要素，充分发掘各种共享资源的潜力，为组织内外的持续性创新绩效涌现提供不竭动力。

最后，着眼于共享农业组织及其创业网络的发展要点，基于现代农业组织变革的成效及启示与共享农业组织协同创新机制的主要建设内容，提出共享农业组织完善协同创新机制的对策建议，对解决新时期的新型"三农"问题具有一定的借鉴意义。共享农业组织的协同创新机制研究能够填补农业生产领域的组织创新与协同管理机制研究的空白，扩展以往只针对农业经营方式、服务机制、技术效应、区位拉动、产品创新等方面的研究领域，将组织协同创新视为拉动农业增长的重要机制之一，有助于转变对"三农"问题的思考角度，为丰富农业发展的建设主体、健全农业多主体合作制度、加快构建农业创业为驱动的经济社会增长新优势，提供了新方向。

第三节 国内外研究现状

一、国内外关于共享农业的研究现状

农业产业化的联合体是现代农业产业发展的必然产物，农业产业的生产运营联合范围与内容将愈加复杂和开放（孙正东，2016）。关于组织发展的潜在选择路径，奥斯特罗姆等（Elinor Ostrom，1993）提出的

制度"需求—供给"路径强调"技术变革、专业分工与市场发展"等重要因素，这些因素的不同组态和变动趋势，构成了组织变革的主要趋势。在这一基本判断下，农业产业链合作内容和形式的日益细化、多元和丰富关联为农业组织形式创新提供了基础（陈定洋，2016）。但现有研究虽然关注并挖掘了龙头企业在现代农业产业化发展中的突出作用，分析了龙头企业在多主体合作中的核心功能，但现有文献对于一、二、三产业融合加速发展的趋势还缺乏关注，对该过程中包含传统农业经营主体在内的多元主体协同管理问题仍停留在个别情境的探讨阶段。

对于共享农业所涉及的内容而言，主要集中在以下四个方面：（1）土地共享方面，罗斯勒（Roessler，2005）调查发现，美国集约化的农业生产方式以及规模化的土地共享模式，使得美国农业用不到全国2%的人口，生产了世界15%的粮食，除了土地集约开发，其共享的主要表现形式是共享农庄，强调其在保障农户经济利益与探索多产业融合发展中的突出作用，而借助移动互联网、物联网等信息技术的支持，创新共享农庄的价值创造与分享模式，是建设循环农业、创意农业、农事体验等多种新兴农业产业形式的基本内容，将成为我国新时期农业发展的基本形式[①]；（2）资源共享方面，通过积极盘活农村集体资产，发展多种形式的股份合作，把农村建设与城乡旅游资源、教育资源、生态资源等丰富资源进行品牌化开发，已经成为我国加快农庄建设、示范乡镇建设的重点内容，且这种模式在国外也具有典型意义，吉尔伯特等人（Gilbert，2010）的研究发现，美国农民接受农业新技术和新知识的方式发生了巨大变化，在农业规模化、集聚化开发的基础上，新媒体为农

---

① 赵鲲. 共享土地经营权：农业规模经营的有效实现形式［J］. 农业经济问题，2016，37（8）：4-8.

民获取超大容量资源提供了技术支持，也强化了农户之间的资源交流与沟通①；（3）农机共享方面，农业生产经营工具的创新和应用场景开发是农业产业现代化的重要内容，这不仅提高了农业机械化的普及水平和农机的利用效率，而且转变了以往人口红利型的产业发展方式，既解放了农业生产力，也推动了农业耕种方式向现代化方式转变，农用化学品、生物技术改良种子成了推动农业增长的重要手段②，纳尔逊等人（Nelson，2009）对美国大规模机械化农业生产的研究也表明，延长农机的作业时间，增加大型农机的作业设备，增加农机的功能，是提高农业生产效率、提高农业生产边际效益的主要途径；（4）知识共享方面，除了农业技术、设备和生产经营模式的不断更新，农业生产经营主体的知识更新也得到了许多学者的关注，研究表明，农民知识与信息来源渠道主要包括自身的教育与经验积累、农户间相互学习与效仿、农业技术推广机构的宣传与培训、互联网络与其他文本资料提供的信息等③，而西威尔等人（Sewell）④⑤根据已有研究发现，除了生产主体获取知识的来源逐渐扩展，农户间相互学习与知识共享的作用也日益重要，通过向取得良好经营效益的行业能手、龙头企业学习，进而模仿其生产经营

① CZYŻEWSKI A，SMEDZIK-AMBROŻY K. Specialization and diversification of agricultural production in the light of sustainable development ［J］. Journal of International Studies，2015，8（2）：63-73.

② 李坤荣，乔长晟. 美国农业发展模式的环境风险及其警示［J］. 世界农业，2017（11）：69-75.

③ 许军林，董泽淑. 基于问题解决理论的农业情报服务研究［J］. 情报杂志，2015，34（4）：191-195.

④ SEWELL A M，HARTNETT M K，GRAY D I，et al. Using Educational Theory and Research to Refine Agricultural Extension：Affordances and Barriers for Farmers' Learning and Practice Change ［J］. The Journal of Agricultural Education and Extension，2017，23（4）：313-333.

⑤ SEWELL A M，GRAY D I，BLAIR H T，et al. Hatching New Ideas about Herb Pastures：Learning Together in a Community of New Zealand Farmers and Agricultural Scientists ［J］. Agricultural Systems，2014（125）：63-73.

方式和内容，这种途径比第三方机构的农业技术推广效果更好。

二、国内外关于农业创业网络的研究现状

近几年，国内外学者从创业网络的原理出发，将其引入共享农业的研究中，从创业网络的视角开展农业创业网络研究。虽然，许多国内外学者从不同的角度对农业创业网络进行了研究，但不同学者的侧重点各有差异，其内容主要集中在以下两方面。（1）根据农业创业主体的不同，邹良影等人（2015）[①] 发现大学生农业创业者和农业创业活动参与主体在知识结构、学习能力和学习途径方面存在显著区别，创业网络中朋友、家庭、学校和政府的支持确实对大学生创业效果影响显著，而农业创业活动中创业经验的分享、传递和农业生产资源的有效集聚、转换，对农业创业者的影响至关重要，特别是大学生参与农业创业这一特殊群体，他们所在产业的利益相关者状态是分析创业网络影响的重要因素。（2）从创业网络的发展阶段对农业创业网络进行分析研究，格里夫（Greve，2013）和萨拉夫（Salaff，2013）[②] 发现在农业创业第一阶段（构想产生阶段），由于网络关联少，创业者往往同其他潜在合作主体缺乏有效沟通，并表现为他们不愿与网络成员讨论构想和发展关系。到了第二阶段（规划阶段），随着网络关联性的日益增加，创业者逐渐意识到网络资源对农业创业活动的重要性，开始重视扩充网络成员以扩大农业创业网络[③]。到了第三阶段（创建农业企业）阶段，创业者在有

[①] 邹良影，谢志远，张呈念. 社会工作介入现代农业创业型人才培育的实践探索研究 [J]. 高等工程教育研究，2015，（6）：72-75.

[②] SALAFF J W，GREVE A. Social Networks and Family Relations in Return Migration [M] // International Handbook of Chinese Families. New York：Springer，2013：77-90.

[③] HANSEN B G，GREVE A. The Role of Human and Social Capital in Dairy Farming [J]. Rural Society，2015，24（2）：154-176.

限的时间、精力和资源的约束下，需要在发展网络关系与完善内部治理方面做出选择和平衡，开始有意识地减少农业创业网络成员，并且倾向于仅维系与核心成员和重要成员之间的关系。而当农业企业具备了一定的产业地位和发展优势时，第四阶段（新企业早期成长与发展）将为其带来新的网络嵌入策略，创业者会致力于提高企业在网络中的地位和荣誉，并以此获得动态新型竞争环境中的合法性，而不是像创业初期以获取资源为主，说明创业网络在农业创业活动中起到了转换竞争优势的特殊作用①。

三、国内外关于农业组织协同创新的研究现状

由于组织协同创新的概念提出的时间较短，因此目前研究农业组织协同创新的文献相对较少，更多的是农业产业化和农业产业集群领域的研究。同时，由于农业组织协同创新的前身是农业产业化和农业产业集群，因此本研究在文献综述部分主要讨论和总结了国内外农业产业化和农业产业集群的发展现状，从中归纳出农业产业化和农业产业集群的普遍规律和特征，为分析农业组织协同创新的总体模式及运行机制提供基础。蔡海龙等人（2018）② 结合中国农业产业化进程提出，当前我国已进入农业产业化经营的新阶段，农业组织方式更加注重多维度经营主体之间的要素融合，即在农业专业化分工不断加强的前提下，在农业经营主体的个体能力日益增强的情况下，应进一步培育合作关系，建立关联的载体，以此来驱动农业产业发展。姜长云（2016）③ 提出了农业产业

---

① COAD A, FRANKISH J S, ROBERTS R G, et al. Predicting New Venture Survival and Growth: Does the Fog Lift? [J]. Small Business Economics, 2016, 47 (1): 217-241.

② 蔡海龙, 关佳晨. 不同经营规模农户借贷需求分析 [J]. 农业技术经济, 2018 (4): 90-97.

③ 姜长云. 推进农村一二三产业融合发展的路径和着力点 [J]. 中州学刊, 2016 (5): 43-49.

化组织的一般创新路径，认为深化农业产业化组织创新的逻辑包括农业生产活动集约化、专业化、社会化、网络化的共同融合过程，需要面向纵向、横向发展的不同阶段探讨产业链、价值链升级对这些融合要点的选择倾向。此外，詹姆斯等人（James，2015）① 提出了农业产业化在组织创新方面的重要转变，认为今后的研究需要重点关注农场规模的不断扩大、农产品生产差异性的显著提高、生产及销售渠道的协同水平提高、农业合作组织的服务功能拓展等内容，以进一步挖掘合作情景特征的显著变化及其对农业组织模式创新的影响。尹成杰（2017）② 则关注我国农业产业集群化发展同国外的差异，指出我国农业产业集群化发展需要致力于把中国农业"小而散、小而全"的生产经营方式引向专业化产业区，形成区域农业品牌优势，为全球价值链下中国农业产业升级提供一种借鉴思路和拓展模式。

四、国内外研究现状评述

综合以上研究成果发现，国内外学者对共享农业的具体共享内容、农业创业网络的意义、农业产业化、农业产业集群等进行了初步的分析研究，总结了农民创业行为特征，并将合作共赢引入了农业生产中，但组织层面的共享农业研究仍然存在以下三方面的不足：

（1）对共享农业的系统研究不足。现有国内外学者对共享农业的研究多集中于土地共享、资源共享等某一微观方面的农业创业行为特征，随着农业创业和共享经济的兴起，从组织层面的合作入手对共享农业进行系统、全面的梳理，为创业网络的共享农业组织协同创新机制研

---

① ROTZ S, FRASER E D G. Resilience and the industrial food system：Analyzing the impacts of agricultural industrialization on food system vulnerability ［J］. Journal of Environmental Studies and Sciences，2015，5（3）：459-473.

② 尹成杰. 三权分置：农地制度的重大创新 ［J］. 农业经济问题，2017，38（9）：4-6.

究奠定理论基础。

（2）现有文献基本关注于产业集群、创新系统等宏观、中观层面的共享农业问题以及微观的农民创业行为特征问题，尚未关注组织层面的合作、协同问题。因此，需要引入创业网络视角，联合宏观与微观的研究进展，开展共享农业的组织协同机制研究，据此探讨共享农业的组织模式、管理维度、政策支持导向。

（3）对于共享农业组织的总体协同机制研究的完备性不足。梳理共享农业组织的总体协同机制，进而具体明确组织内部的创业效能集聚机制、组织间协同创新的知识共享机制、组织内外部交互的环境适应机制等内容是创业网络的共享农业组织协同创新机制研究的关键。

第四节　研究内容和方法

本研究关注创业型农业合作组织的协同机制。研究对象具有文创产业、平台经济、共享经济、农业特征、创业者特征，需要通过研究明确其合作模式、行为特征、协同要点及主要机理。

第一部分为研究基础，分布于第一章和第二章，包含研究背景、研究目的及意义、国内外研究现状、研究内容和方法、创新性、相关理论综述等相关内容。首先，从共享农业的重要发展趋势、创业网络的创新研究意义以及组织协同创新机制的创新制度基础三方面阐述了本研究的研究背景；其次，从共享农业的系统研究必要性、创业网络与共享农业的内在联系和实际需求，以及组织协同创新机制的构建需求总结了本研究的研究目的和意义；再次，通过文献研究，从共享农业、农业创业网络、农业组织协同创新三方面总结了国内外研究中与农业组织创新管理相关的研究成果，梳理了现有研究中在农业创新的系统性、联系性和专门性方面存在的不足，并提出了有价值的研究方向；之后，针对上述的不足和研究方向，阐述了本研究在应对共享农业实践和理论研究问题的理论价值和创新性；最后，从共享农业组织的概念、效能集聚、智力资本差异、创新知识共享、外部环境适应，创业网络的概念、中心性、规模、强度、网络治理导向，组织协同的竞争强度影响、创业模式融合方式影响、领导风格影响等方面对共享农业协同创新的相关理论进行了梳理，以展现研究的理论基础和研究趋势。

第二部分为共享农业组织的主要发展特征分析，分布于第三章，包含共享农业组织的协同管理特征、共享农业组织的发展现状与启示、共享农业组织的协同管理要点三个部分。基于共享农业的实践经验和理论研究评述，在共享农业组织的协同管理特征分析部分的内容如下：本研究首先梳理了共享农业组织产生的政策驱动力、市场驱动力和企业内部驱动力，明确了共享农业组织构成和发展的基本条件；其次，从产业联结、要素联结、利益联结三个方面归纳了共享农业组织的"共享"特质，明确了共享农业组织相对于其他农业组织而言在适应当前开放式农业竞争环境的主要优势；最后，从不断建立和改革多元主体的分工协作机制、建立和健全多类资源要素的共享机制、不断建立和完善多种形式利益的共享机制三个方面，分析了共享农业组织在今后政策环境导向下的基本发展路径，为进一步明确共享农业组织的改革实践方向、梳理共享农业组织的理论研究要点提供了基础。在共享农业组织的发展现状与启示部分的内容如下：本研究首先结合了近几年农业产业化发展主要政策相关的新闻报道和统计数据，梳理了我国农业现代化及农业组织创新发展的主要成效，明确了单品产业化联合体居多、本地成熟单品产业是开发重点、龙头企业的加工能力和销售能力至关重要三个主要实践特征；其次，从"实质合作少，联合效果差""利益联结简单，限制发展的农业金融约束多""不重视网络关系建设，产业链资源整合弱"三个方面，梳理规范了我国农业产业化发展过程中农业组织创新的主要问题及潜在原因，明确了基于创业研究视角关注农业产业组织创新的重要价值；最后，从推动纵向联合驱动的横向联合、优化共享农业组织的机制设计、完善现代农业产业服务体系三个方面，进一步提出了上述现代农业组织发展成效、问题对共享农业组织发展的启示，进一步明确了将创业网络和组织协同作为共享农业组织的重要理论研究导向的设计初衷。在共享农业组织的协同管理要点部分的内容如下：基于前述共享农业组织的协同管理特征和发展现状与启示分析结论，进一步提出了本研究关注的三个理论研究核心问题，首先从制度变迁基础的影响、独立经营模式的影响、持久稳定合作关系的影响三个方面，探讨了促进共享农业组织内部创新效能集聚的主要研究内容；其次，从组织内、组织间的纵向合作、横向合作过程与内容，企业家能力、领导风格等方面，探讨了提高共享农业组织间创新知识共享的主要研究内容；最后，从综合收益落差的影响、价格波动风险的影响等方面，探讨了改善共享农业组织外部环境适应的主要研究内容。

第三部分为共享农业组织的协同创新机制解析实证研究，主要包含第四章"创业网络中心性、智力资本差异对共享农业组织内部创新效能集聚的影响机制"、第五章"创业网络规模、创业模式融合方式对共享农业组织间创新知识共享的影响机制"、第六章"创业网络强度、网络关系治理导向对共享农业组织外部环境适应的影响机制"三部分内容。本部分的三章研究内容均采用问卷实证的研究方法，在针对共享农业组织的内部创新效能集聚、组织间创新知识共享、组织外部环境适应三个机制研究趋势构建理论假设模型的基础上，对云南省部分共享农业创业团队开展主要负责人调研访谈并结合相关研究进展设计了调查问卷，对云南省部分农业龙头企业（国家级、省级、区级）、云南省众创空间、云南省创新创业大赛中与共享农业主题相关的参赛企业开展问卷调查，收集了实证分析所需的问卷填写数据，并基于规范的问卷实证假设检验方法和流程完成了对所提出相关假设的检验。实证分析表明，本部分针对共享农业组织的内部创新效能集聚、组织间创新知识共享、组织外部环境适应三个机制所提出的相关理论假设均得到证实，研究结论有助于补充和完善共享农业组织协同相关的理论基础，对指导当前共享农业组织不断参与和完善创业网络，提高组织内外的协同创新能力、效果，具有一定的实践指导价值。

第四部分为对策建议，主要内容为第七章"推动共享农业组织协同创新的对策建议"。本部分主要基于前述研究的结论和观点，进一步面向国内外农业组织创新、农业科技进步和农业产业融合发展的基本趋势，分别提出了推动共享农业组织内部创新效能集聚、改善共享农业组织间知识共享、增强共享农业组织外部环境适应的对策建议。其中：主要从加快培育多元产业融合主体、加强新型农业科技教育普及、健全现代农业产业发展基础三个方面，提出了推动共享农业组织内部创新效能集聚的对策建议；主要从提升组织内部现代治理能力、增强多元主体的利益联结、推动农业产业多元融合发展三个方面，提出了改善共享农业组织间知识共享的对策建议；主要从创新多导向的农业企业扶持政策、完善共享农业组织的税收优惠政策、补充农业产业发展的相关社会服务三个方面，提出了增强共享农业组织外部环境适应的对策建议。通过对共享农业组织内部创新效能集聚、共享农业组织间知识共享、增强农业组织外部环境适应三个方面对策建议的阐述，形成了针对本研究第四章、第五章、第六章三个核心理论分析内容的有益拓展，能够在一定程度上增强本研究的实践指导价值。

第五部分为研究结论与展望，主要为第八章内容。本部分总结了全书的研究背景、目的、方法、过程和结论，并结合现有研究的不足及研究过程中发现的潜在研究内容，提出了后续研究的关注要点。

第五节　创新点

本研究以构建创新型农业合作组织的协同机制为导向，提出了基于创业网络的共享农业组织协同创新机制的具体研究过程，在探讨共享农业组织主要发展特征的基础上，针对共享农业组织的内部创新效能集聚、组织间创新知识共享、组织外部环境适应三个机制研究重点问题，开展了问卷实证研究，研究结论有助于补充和完善共享农业组织协同相关的理论基础，且借助创业网络研究视角进一步丰富了农业创业领域的研究内容。具体而言，本研究主要具有以下三个创新点：

第一，加入智力资本差异作为中介变量，提出了一个针对共享农业组织内部效能集聚过程的中介作用，完善了创业网络中心性对组织内部创新效能集聚的分析框架，明确了创业网络中心性对组织内部创新效能集聚的影响路径，在此基础上以高水平竞争强度作为调节变量，提出了一个针对共享农业组织内部效能集聚过程的调节效应影响模型，进一步明确了竞争强度在创业网络中心性促进共享农业组织内部效能集聚过程中的影响边界。

第二，从创业合作的开放性、成长性与不确定性等基本属性出发，创新引入创业模式融合方式作为中介变量，探讨了不同创业模式融合方式在网络规模对组织间知识共享的影响差异，一定程度上打开了创业网络影响农业创业组织间知识共享的黑箱，丰富了共享农业组织的知识共享基础研究理论，在此基础上引入不同领导风格作为调节变量，进一步明确了差异化创业模式融合方式在不同领导风格情境中对组织间知识共享的作用差异，明晰了创业网络规模影响共享农业组织间创新知识共享的影响边界。

　　第三，创新引入网络治理导向作为中介变量，探讨了内部主导、外部主导两类不同的网络关系治理导向分别在强关系、弱关系创业网络促进共享农业组织外部环境适应过程中的中介效应，补充了创业网络强度对共享农业组织外部环境适应的影响路径研究，在此基础上引入多维度创业绩效作为调节变量，探讨了主观创业绩效、客观创业绩效两类不同的创业绩效内涵分别在外部、内部主导的网络关系治理导向对共享农业组织外部环境适应的调节效应，进一步明晰了创业网络强度对共享农业组织外部环境适应的影响边界。

第二章

相关理论综述

第一节　共享农业的相关理论综述

一、共享农业组织的概念内涵

共享农业的农业生产组织形式来自农业产业化联合体。为着力破解农业产业化各经营主体之间产业、要素、利益联结不紧密的问题，实现规模经济，降低交易成本，一些新型农业经营主体在利益博弈中逐渐形成了农业产业化联合体①。农业产业化联合体是我国农业管理部门与农业生产经营组织在农业产业化实践中摸索归纳出的一个政策性概念。联合体在概念界定上强调要以促进农业增效和农民增收为目标，以品牌为市场导向，建立以龙头企业为核心、专业大户和家庭农场为基础、专业合作社为纽带，以契约形成要素、产业和利益的紧密联结②，集生产、加工和服务为一体的新型农业经营组织联盟，保障国家粮食安全和优质安全农产品供给。这一观点为多数学者和政策制定者所接受。事实上，

---

① 秦明，李大胜，李胜文．基于演化博弈的农业科技资源共享策略分析［J］．科技管理研究，2017，37（13）：116-120.
② 杨梅，刘章勇．农业土地共享和土地分离及其潜在的生物多样性效应［J］．中国生态农业学报，2017，25（6）：787-794.

国外也很早就有类似的农业经济组织，但并没有统一的称谓，其主流名称有 Agro-industrial complex（农业产业化综合体）、Agro-food complex（农产品综合体）、Agro-industrial networks（农业产业化网络）、Agribusiness alliance（农商联盟）等①②。从文献梳理看，这些概念大都基于农业产业化发展中农产品供应链、价值链的多维度联结机制角度来定义③，这与国内对农业产业化联合体的普遍认识是一致的。但国情、农情的差异决定了我国农业产业化联合体具有较强的特殊性：国外的农业产业化联合体多以市场原则联结在一起，自主治理特色明显，政府对其影响主要体现在防止其形成垄断势力的约束机制上④；国内农业产业化联合体尚处于初步发展阶段，政府手段与市场机制共同影响的特点突出，政策性推动、引导、补贴等支持措施居多⑤，且具有重要的产业驱动作用。因而决策部门对农业产业化联合体内涵的认识⑥，将直接影响农业产业化联合体具体的实践形式。

我国"农业产业化联合体"的概念最早由孙正东于 2014 年提出，联合体被定义为以市场为导向，以龙头企业为核心，以传统农户、专业

---

① WASHBURN D K，FAST S. Ritual Songs of the Cora of West Mexico and the Hopi of the American Southwest：Shared Ideas Related to Maize Agriculture ［J］. Journal of the Southwest，2018，60（1）：74-114.

② SCHMIDT M C，KOLODINSKY J M，DESISTO T P，et al. Increasing Farm Income and Local Food Access：A Case Study of a Collaborative Aggregation，Marketing，and Distribution Strategy that Links Farmers to Markets ［J］. Journal of Agriculture，Food Systems，and Community Development，2016，1（4）：157-175.

③ TOUZARD J M，TEMPLE L，FAURE G，et al. Innovation Systems and Knowledge Communities in the Agriculture and Agrifood Sector：A Literature Review ［J］. Journal of Innovation Economics & Management，2015（2）：117-142.

④ 李怀. 农地"三权分置"助推乡村振兴：理论逻辑与机制构建 ［J］. 当代经济研究，2021（8）：79-87.

⑤ 刘伟，雍旻，邓睿. 从生存型创业到机会型创业的跃迁——基于农民创业到农业创业的多案例研究 ［J］. 中国软科学，2018（6）：105-118.

⑥ 孙正东. 现代农业产业化联合体的理论分析和实践范式研究 ［D］. 北京：北京交通大学，2016.

大户和家庭农场为基础，以专业合作社为纽带的产工贸及社会服务一体化的新型农业经营组织形式。基于此，安徽省政府办公厅在2015年8月发布的《关于培育农业产业化联合体的指导意见》中将农业产业化联合体定义为以龙头企业为核心、家庭农场为基础、专业合作社为纽带的新型农业经营组织紧密联盟。此后，农业农村部等六部门联合发布《关于促进农业产业化联合体发展的指导意见》，在文件中基本沿袭了上述概念界定的观点，将农业产业化联合体界定为"龙头企业、农民合作社和家庭农场等经营主体以分工协作为前提、规模经营为依托、利益联结为纽带的一体化农业经营组织联盟"。需要指出的是，由于近年来一、二、三产业加速融合发展，农业产业化联合体的经营方式、内容都发生了深刻变化①，联合体的主导方可能并非传统意义上的农业企业，更多具有品牌运营、创业资源整合的企业，也加入了农业产业联合体的建设中，为农业产业化联合体增加了更多的跨行业、跨部门甚至跨区域"共享"属性②。因此，尽管现有的研究和政策文献已经给出了农业产业化联合体的概念界定，但尚未针对日趋"共享"化的农业产业联合体发展趋势，关注其多维度的共享发展内涵，对其定义仍需进一步完善。

近年来，伴随乡村振兴战略的持续推进，农民合作经济组织与其他新型农业经营主体的融合发展必将实现前所未有的深化，工业和服务业同农业产业的融合发展趋势明显，总体呈现出"独立经营，共享发展""龙头带动，优势共享""要素共享，稳定合作""产业增值，利益共享"等方面的基本属性。这表明，新时期农业产业化联合体的实质是通过联盟，在专业化分工基础上，优化配置各方优势要素资源，实现协

---

① 阎丽. 乡村旅游带动农村改革发展面临的挑战——评《乡村旅游：中国农民的第三次创业》[J]. 探索，2018（2）：191-192.

② 张磊，刘长庚. 供给侧改革背景下服务业新业态与消费升级 [J]. 经济学家，2017（11）：37-46.

同效应，获得协同价值，开创共享发展。要形成共享型农业组织，需要各参与主体合作和协同配合，所以有效的管理协同机制至关重要。然而，已有文献缺乏在这方面的研究，因此本研究从管理协同的角度，提出共享农业组织的概念，以期为后续相关研究提供管理参考和决策依据。

针对共享农业组织涉及的多主体合作与协同配合问题，现有进展主要关注了农业资源共享整合①②、农业主体创新行为③④以及农业经济发展趋势⑤等问题，为现有农业发展提供了有益的借鉴，但仍缺乏基于组织网络、协同机制、创新效应等方面的共享机制整体效应研究。关于社区支持农业（CSA）的研究表明⑥⑦，社区支持农业是由消费者提前支付农业生产费用或参与农业生产劳动，共享农场主或农户定期向消费者提供安全的农产品，双方合作实现"利益共享，风险共担"的一种新型农业生产及销售模式（冯彦敏和赵海波，2014）。共享农业则是将

---

① MORAINE M，DURU M，NICHOLAS P，et al. Farming System Design for Innovative Crop-Livestock Integration in Europe［J］. Animal，2014，8（8）：1204-1217.

② LIU J. Development Research on Rural Human Resources under Urban-rural Integration ［J］. Argo Food Industry Hi-tech，2017，28（3）：2974-2978.

③ 徐超，吴玲萍，孙文平 . 外出务工经历、社会资本与返乡农民工创业——来自CHIPS 数据的证据［J］. 财经研究，2017，43（12）：30-44.

④ 李静，谢靖屺，林嵩 . 榜样会触发个体创业吗？基于农民样本的创业事件研究［J］. 管理评论，2017，29（3）：27-39.

⑤ 李树，于文超 . 农村金融多样性对农民创业影响的作用机制研究［J］. 财经研究，2018，44（1）：4-19.

⑥ BROWN C，MILLER S. The Impacts of Local Markets：A Review of Research on Farmers Markets and Community Supported Agriculture（CSA）［J］. American Journal of Agricultural Economics，2008，90（5）：1298-1302.

⑦ KOLODINSKY J M，PELCH L l. Factors Influencing the Decision to Join a Community Supported Agriculture（CSA）Farm［J］. Journal of Sustainable Agriculture，1997，10（2-3）：129-141.

不同层次的人群有机结合进来①，其中参与人群通过田地或产品认养、托管代种、自行耕种、房屋租赁等多种私人定制形式，与农场主共同参与农场的生产与管理②，不仅可以使农场或个人降低独自经营风险、提升产品附加值，还可分享农场的生产或经营成果③；城市人群（消费者）可以通过劳动、参观、生活、会员等不同的形式进驻农场，享受农场资源，或通过互联网、物联网等方式，参与农庄生产和打理。另外，还可以提供实地开展农产品采摘、乡村旅游等服务，消费者可在第一时间获得绿色无公害的优质农产品，获悉所定制的农产品的整个成长过程，体验农业带来的乐趣④。陈冬生（2018）⑤、蓝海涛（2018）⑥等从产业融合的角度出发，认为共享休闲产业是在充分开发当地特色的农业资源后，将农业生产、产品应用、艺术加工、农事活动等合为一体，使其具有"三生一体"功能特性的新型产业，并且通过大数据、"互联网+"与休闲农业相结合的休闲农业发展模式。祁黄雄等

---

① MANFREDI, FAZIO D. Agriculture and Sustainability of the Welfare: The Role of the Short Supply Chain [J]. Agriculture and Agricultural Science Procedia, 2016, 8: 461-466.

② SCHMIDT M C, KOLODINSKY J M, DESISTO T P, et al. Increasing Farm Income and Local Food Access: A Case Study of a Collaborative Aggregation, Marketing, and Distribution Strategy that Links Farmers to Markets [J]. Journal of Agriculture, Food Systems, and Community Development, 2016, 1 (4): 157-175.

③ BENSON T, MOGUES T, WOLDEYOHANNES S. Assessing Progress Made toward Shared Agricultural Transformation Objectives in Mozambique [J]. Social Science Electronic Publishing, 2014, 10: 1-39.

④ PURDUE D, KIMBERLEE R, ORME J. Shared Space: Sustainble Innovation Strategies in Urban Health and Environmental Policy [J]. Sustainability Collection, 2009, 5 (4): 219-230.

⑤ 陈冬生. 大数据在休闲农业中的应用研究 [J]. 中国农业资源与区划, 2018, 39 (5): 208-212.

⑥ 蓝海涛, 周振. 我国"互联网+农村经济"发展现状与政策建议 [J]. 宏观经济管理, 2018 (7): 31-38, 65.

（2011）、何广庆等（2016）① 从旅游角度出发，认为共享农业是一种对农业和农村进行一定的旅游规划，使其具有观光、体验、农产品品尝、购物等功能，进而使旅游者感受到农业艺术与自然风光融为一体的新型旅游方式。

基于上述思考，本研究将共享农业组织界定为"借助互联网平台将分散农户与消费者、供应商聚集起来，在生产者与消费者间建立收益共享、信息对接、风险共担的新型农业经营方式"。共享农业组织能够更为有效地结合技术、文化、资金与国家战略实现农业产业的融合发展，在保障农业生产稳定性的同时挖掘创造更多产业附加值。

二、共享农业组织内部的创新效能集聚

组织内部创新是指在工作场所以及处理组织与外部机构间关系的过程中引入新的组织方法（经济合作与发展组织，2005），是企业获取可持续竞争优势的重要途径，主要表现为对企业内部资源进行安排和重新配置来提高生产力并实现战略目标的技能或素质。共享农业组织内部创新效能集聚即为充分实现以农业为核心的产业链资源共享，在集聚分散信息与零碎消费需求并形成市场规模的过程中，所形成的推动"互联网+农业"高质量发展的技能或素质②。基于萨拉斯等人（Salas，2008）及其他相关研究，处于联盟合作状态的团队间的绩效控制程度较低，各团队侧重于面向自身创新能力集聚内部创新效能，易于形成鼓励尝试、创造新颖、容忍失败的多样化绩效单元组合。同时，在前景良好的创业氛围中，个体展现导向与精熟目标导向均具备引发多团队客观

---

① 何广庆，黄华. 观光农业发展中新农村景观设计的应用研究——以宜昌市"美丽乡村"建设主题为例 [J]. 农业现代化研究，2016, 37（2）：352-359.

② 徐海俊，武戈，戴越. "一带一路"建设与农业国际合作：开放共享中的农业转型——中国国外农业经济研究会 2015 年学术研讨会综述 [J]. 中国农村经济，2016,（4）：91-95.

创新生产力改善的可行空间，有利于"表现—趋近"导向的团队获取正面绩效反馈与地位认同①。这种理念对共享农业组织采用更为复杂方式拓宽创业合作通道、增进协作深度具有直接促进作用，也在一定程度上回应了多团队创造力内涵在策略均衡层面的认识，对偏好具有挑战和难度工作的合作方而言不失为一种搜寻创造性与标新立异的有效途径。因此，本研究将组织内部创新效能集聚划分为创新能力和创新生产力两个测量维度。

三、共享农业组织的智力资本差异

特质论是创业研究的重要内容，创业者特质对农民创业学习与创业绩效具有显著影响②。创业企业的智力资本是指能够为组织带来价值的知识和能力（包括人力资本、结构资本和社会资本三个方面），企业的智力资本差异即组织在制定决策、运营执行与整合沟通等方面所表现出的知识和能力区别，对共享农业创业组织主动创新、超前行动及风险承担的战略导向姿态具有重要影响。其中：主动创新性③体现在企业家能力、创新精神、创新人才等人力资本维度，强调组织在开发新流程时具备参与创新共享思维的意愿，并乐于成为引进新产品、服务、工艺过程中技术领先者；超前行动性④体现在管理水平、组织学习、激励制度等结构资本维度，指创业组织在市场上先于对手采取战略行为以主动竞争

---

① HASHIM N A, RAZAINAI S, MINAI M S, et al. Relationship between Entrepreneurial Competencies and Small Firm Performance：Are Dynamic Capabilities the Missing Link？[J]. Academy of Strategic Management Journal, 2018, 17 (2)：48-58.

② 罗明忠, 陈明. 人格特质、创业学习与农民创业绩效 [J]. 中国农村经济, 2014 (10)：62-75.

③ 吴伟伟, 刘业鑫, 高鹏斌. 研发项目群人员创新效能感对创新行为的影响 [J]. 科研管理, 2019, 40 (8)：243-252.

④ 熊立, 杨勇, 贾建锋. "能做"和"想做"：基于内驱力的双元创业即兴对双创绩效影响研究 [J]. 管理世界, 2019, 35 (12)：143-157.

的意愿；风险承担行为[①]体现在风险投资、宏观环境、合作联盟等社会资本维度，指创业组织大胆行动、抓住共享经济驱动契机、承担风险机会的意愿。一方面，创业企业受限于自身的规模、资源和能力，难以全面培育和提升创新能力，需要策略性考虑并优化知识结构、资源架构和网络关系，它们与创业活动的组织、资源、机会相互作用，对创业决策与成败具有重要影响。另一方面，在创业网络中心性逐步提高的过程中，组织的资源获取能力和网络嵌入效应将发挥积极影响，支持创业企业完善能力并调整观念，使得农业创业的智力资本差异推动着创业组织做出不同的战略决策和行动，并影响创新绩效与效能集聚过程。由于创新合作意愿、创业能力、风险偏好等战略导向状态反映的智力资本差异是关系到创业网络中心性与共享农业组织内部创新效能集聚的重要中介变量，因此本研究将聚焦组织层面的智力资本差异在共享农业组织内部创新效能集聚过程中的战略导向效应，及其对创业网络中心性与共享农业组织内部创新效能集聚影响的中介效应。基于这种思考，在此依据科文和斯莱文（Covin and Slevin，2001）的研究，结合共享农业创业团队参与主体间的战略导向，本研究将主要包含农民、农业企业、平台企业等多方参与主体的共享农业组织层面智力资本差异划分为创新合作意愿、风险偏好、创业能力三个层次。

四、共享农业组织间的创新知识共享

知识共享是指在组织的内外部或者跨组织间，组织的员工或者内外部团队，通过各种形式的渠道讨论、交换知识，扩大知识的利用价值并产生知识的效应，从而与对方共同拥有知识的行为[②]。共享农业组织能

---

① 石琳，党兴华，韩瑾. 风险投资机构网络中心性、知识专业化与投资绩效 [J]. 科技进步与对策，2016，33（14）：136-141.
② 杨俊青，李欣悦，边洁. 企业工匠精神、知识共享对企业创新绩效的影响 [J]. 经济问题，2021（3）：69-77.

够更为有效的结合技术、文化、资金与国家战略实现农业产业的融合发展，在保障农业生产稳定性的同时挖掘创造出更多产业附加值，并寻求有益突破口，以向更多的相关领域渗透发展①。共享农业主要遵循体验重构、价值重构、连接重构，以及延长产业链、提升价值链、拓展增收链的原则，倡导从满足大众到突出个性、从保证数量到质量优先、从追求品牌到彰显品位的理念，正在成为推进解决"三农"问题的新驱动，为农业供给侧结构性改革提供了新动力。同时，也正是由于农业生产参与者、市场行为的特殊性，导致以机构投资者、行业服务提供者及农民工返乡、大学生下乡、农村本乡人员三大群体为主的共享农业活动面临着特别的知识共享情境，学习基础、学习诉求、学习范围和途径等方面的差异，更突出地反映在该群体中，使得知识共享成为影响共享农业组织获取持续竞争优势的决定性资源②。特别是在当前的知识经济社会中，相比于传统小农经济所依赖的组织内部稳定、有限知识，农业生产经营活动需要更多的补充、拓展知识储备以应对日益多元的信息化消费需求，甚至知识共享也日益成为农业创业组织获取竞争力的关键途径③，这对推动不同农业创业参与主体、过程的知识流动，实现传统农业价值链拓展，具有显著影响。

五、共享农业组织的外部环境适应性

组织外部环境适应是指组织在企业外部层面整合资源、提高核心竞争、不断适应多变创新环境的过程可控性。共享农业组织外部创新环境

---

① 周荣，喻登科，刘显球. 全要素网络下技农贸一体化与"互联网+农业"可持续发展 [J]. 科技进步与对策，2018，35（10）：72-80.

② KRISHNAN T N, SCULLION H. Talent Management and Dynamic View of Talent in Small and Medium Enterprises [J]. Human Resource Management Review，2016，27（3）：431-441.

③ 康鑫，刘娣. 农业企业知识扩散路径对知识进化的传导机制——基于知识共享的中介作用和知识基调节作用 [J]. 科技管理研究，2018，38（21）：191-197.

适应性的目标是基于农业为核心的产业链实现充分的资源、信息、知识共享，实现与其他产业链合作企业共同达到更高的创业绩效水平与更佳的发展态势，推动"互联网+农业"进一步发展①。具体内容包括：创新共享农业组织的产品和服务，激发共享农业组织的优秀创意，高效传播并利用整体的组织信息，提高共同的风险控制水平等方面。一般而言，在创业起始阶段，创业企业主要依据自身资源和具有紧密联系合作方的资源去判断自身的环境适应情况。而当进入创业发展阶段，在动态的创业环境中，企业更倾向于面向市场和环境的潜在调整趋势②，形成匹配其创业网络位势的合作策略，以更高的环境变化敏感性为基础快速匹配稀缺、有价值的创业资源。当进入高动态、不确定的竞争环境时，创业企业为了降低环境的负面影响，将力求增大内部经营的稳定性，而更加倾向于内部主导的治理策略③，通过整合人、财、物三方面的创业资源来加快对新技术的开发、利用④，从而创造高额的创业绩效产出，以削弱外部环境动态变化带来的冲击。

六、共享农业组织的创业绩效

创业绩效主要分为主观创业绩效和客观创业绩效，其中前者是指创业者及其团队主观感受到的创业能力，后者是指由相关财务指标客观反映的企业经营业绩。面向创业活动开展的网络环境，根据李维安提出的

① YASIR M, MAJID A, YASIR M. Entrepreneurial Knowledge and Start-up Behavior in a Turbulent Environment [J]. The Journal of Management Development, 2017, 36 (9): 1149-1159.

② ENGELEN A, KUBE H, SCHMIDT S, et al. Entrepreneurial Orientation in Turbulent Environments: The Moderating Role of Absorptive Capacity [J]. Research Policy, 2014, 43 (8): 1353-1369.

③ 王海花，谢萍萍，熊丽君. 创业网络、资源拼凑与新创企业绩效的关系研究 [J]. 管理科学, 2019, 32 (2): 50-66.

④ 尹飞霄. 创业教育、创业意愿与大学生创业绩效——基于 235 份问卷调查的实证分析 [J]. 技术经济与管理研究, 2019 (2): 41-46.

网络运作绩效以及孙国强所界定的网络治理绩效①，本研究将平台型创业企业的创业绩效界定为，以参与成员遵守约定或协议为基础，由多主体在网络化协作框架内通过平台化运作实现资源共享、协作互助、价值共生所实现的创业绩效。现有研究表明，新创企业的经营绩效测量较为困难，主要原因有三点：首先，由于经营不规范及业务结构、经营动态性的不稳定状态，大企业常用的绩效测量方法，例如，利润、营业额和销售额，无法在小企业中有效应用；其次，由于小企业的财务信息经常较为接近，且经营的领域、方式、基础均存在较大差异，因此较难产生具有比较意义的绩效评价结果；最后，创业者通常不愿意分享客观的经营绩效信息，而更关注创业愿景的潜在价值。这种背景下，依据调查问卷收集的主观感知评价数据具有局限性，它们可能会存在测量误差和潜在的主观方法偏差，但这种主观测量方法已经被证实与客观的企业绩效具有积极显著的相关性②。因此本研究将采用主观测量的方法，从财务绩效、新增就业绩效、创业能力提升和创业者满意度四个方面，基于调查问卷评测企业的创业绩效。

第二节　创业网络的相关理论综述

一、创业网络的概念内涵

创业网络的研究，最早兴起于 20 世纪 60 年代，伯利（Birley，

---

①　王泽宇，严子淳. 社会网络强弱关系对互联网创业融资绩效影响研究 [J]. 管理学报，2019，16（4）：550-560.

②　MANSON S M, JORDAN N R, NELSON K C, et al. Modeling the Effect of Social Networks on Adoption of Multifunctional Agriculture [J]. Environmental Modelling & Software, 2016, 75 (1)：388-401.

1985）在他的研究中最早提出创业网络（Entrepreneurial Network）这一概念，他认为创业者与企业外部环境之间的联系就是创业网络。汉森（Hansen，1995）在此基础上又提出自己的创业网络理解，认为创业网络其实就是创业者与企业内所有员工以及各员工之间的关系，这延伸了伯利的创业网络内涵。约翰尼森（Johannison，1998）又进一步认为创业网络就是一种以自我为中心的网络，这也就是创业网络的实质，它是由一系列的节点与联系构成的，而所有的节点实际上包括了与企业发生联系的所有主体。这一观点得到了多数学者的支持，认为创业网络并不是单一的，它其实是一个综合体，与企业相关的所有活动都可以视为创业网络的构成内容。

学术界虽然对创业网络的概念一直没有一个统一的认识，但是学者们在研究其概念的过程中，发现了更多与之相关的研究内容：网络结构、网络密度、网络能力等，进而研究者对这些内容进行了深入研究。通过对很多从网络衍生出来的内容进行深入的研究，很多研究者发现，之前对创业网络概念的解释仅仅是从"网络就是一种联系"的基本认知出发①，创业网络概念的解释也仅仅局限在联系主体、客体的选择范围上②。就这样，从"联系"的思考中，学者们又从多角度对创业网络概念进行了解释。其中，基于网络维度的创业网络概念得到很多学者的认同。我国学者林嵩教授（2012）就从该角度出发，从创业网络的关系主体、关系属性、关系产出三个维度对创业网络的概念进行界定，并且提出了一个系统的创业网络三维概念模型。林嵩教授指出从创业者个体和组织两个网络层次可以得出网络构成的五大要素③：合作、沟通、

---

① 云乐鑫，杨俊，张玉利.创业企业如何实现商业模式内容创新？——基于"网络—学习"双重机制的跨案例研究［J］.管理世界，2017（4）：119-137，188.

② 胡海青，王兆群，张颖颖，等.创业网络、效果推理与新创企业融资绩效关系的实证研究——基于环境动态性调节分析［J］.管理评论，2017，29（6）：61-72.

③ 林嵩.创业网络的网络能力：概念建构与结构关系检验［J］.科学学与科学技术管理，2012，33（5）：38-45.

信任、分权、学习，并且企业应该能够从创业网络中提炼出自己所需的各种资源（社会资源、资金资源、营销渠道、技术资源等）①，企业的创业网络应该是各维度主体、关系之间层层交融叠加形成的整体网络。

二、创业网络中心性

创业网络结构反映了由创业成员所构成的网络中的个体数量、个体关系与关系异质性等特征，具体包括了网络密度、中心性、规模、多样性、结构洞等变量。网络中心性反映创业网络的结构性维度，创业网络中心性即创业网络中各成员的联合依存度与创业组织的位势优势，表示了成员在创业网络中的相对位置，解释了该成员在创业网络中的重要性，很大程度上决定着组织创业信息与资源的摄取与控制能力。创业网络中心性使得创业主体与相关创业网络节点间的联系紧密，复杂的创业网络关系能够在不同角度给予处于中心地带的创业主体支持②，从而更好地把握市场机遇。以格兰诺维特（Granovetter）和伯特（Burt）为代表，当前创业网络研究中的嵌入性、结构洞理论已被广泛运用于创新创业的各个领域，网络中心性对创业个体行为决策偏好和团队绩效层面的影响已得到广泛关注。费里曼（Freeman，1979）最早将网络中心性划分为点度、中介与接近中心性，来表示在研发与推广新产品的探索性活动中创业网络主体控制其他主体、资源获取、不受其他主体所控制的三种能力权衡状态。接近中心性体现了网络节点处的主体不受其他个体控制的程度；中介中心性表示个体作为中介传递信息和资源对网络的影响程度，代表了共享网络主体资源获取的能力；点度中心性体现创业个体所处的位置，代表了共享网络主体控制其他个体的能力。从创业网络的

---

① 刘小元，林嵩. 社会情境、职业地位与社会个体的创业倾向 [J]. 管理评论，2015，27（10）：138-149.

② FREEMAN L C. Centrality in Social Networks：Conceptual Clarication [J]. Social Networks，1979，1（3）：215-239.

结构性维度出发，已有研究着重分析结构演化特性及其影响创新创业行为的方式与程度：李铭泽①着眼于创新创业网络中心化转变的过程，即创业网络结构的发展历程；覃曼等②通过耦合中心性测度了创业网络中各个成员间的优劣位势及依存度；Ferriani 等③测度了创业网络中不同位置个体对信息获取速度、资源共享程度与创新效率的影响，认为这种方式能够有效评价该网络的中心化属性。由于网络接近中心性的提高易于导致创业活动的路径依赖与网络通路的封闭性与排他性，而网络中介中心性与点度中心性能够加强组织间沟通、提升个体获取异质性信息与稀缺资源的能力，提高网络对边缘个体的资源承诺水平，进而提升资源获取质量，因此本研究将重点关注创业网络的中介中心性与点度中心性。

三、创业网络规模

创业网络结构反映了创业成员所构成的网络中，个体数量、个体关系与关系异质性等特征，是创业者及企业所形成的各种以创业活动为依托的社会关系，主要包含个体关系网络以及组织网络两大研究维度④。创业网络规模是指与创业者建立直接关系的合作者数量的总和，合作者之间的创业联系越多、越频繁，表示创业网络规模越大。农业领域的创业实践也表明，创业网络规模对于以回乡农民工、大学生村官、当地农

---

① 李铭泽，刘文兴，彭坚. 科研合作与团队知识创造：一个网络交互模型 [J]. 科研管理，2016，37（5）：51-59.
② 覃曼，马连福. 企业网络中心性对政治关联创新业绩影响的中介作用 [J]. 系统工程，2016，34（5）：48-54.
③ FERRIANI S, CATTANI G, BADENFULLER C, et al. The Relational Antecedents of Project-entrepreneurship：Network Centrality，Team Composition and Project Performance [J]. Research Policy，2009，38（10）：1545-1558.
④ SLOTTE-KOCK S, COVIELLO N. Entrepreneurship Research on Network Processes：A Review and Ways Forward [J]. Entrepreneurship Theory & Practice，2010，34（1）：31-57.

民为主的多层次主体开展农业领域的协同创业具有积极作用，能够有效整合农村特有资源、推动农业市场发展、提高可利用人力资源以及其他社会资金等多样性农业创业资源的丰富性。上述研究趋势表明，创业网络规模程度已经成为组织间创新知识共享的核心影响因素。本研究基于共享农业创业网络关系差异性视角，提出低网络规模、高网络规模的基本研究维度。低网络规模是指由少数来自强关系附属的亲戚、朋友或同村村民等形成的长期频繁创业活动合作关系，因为他们具有较好的前期感情基础，因此容易建立信任并达成创业合作；高网络规模是指由越来越多基于契约的一般创业者、农业行业服务机构及从业人员、下乡大学生、返乡农民工等合作伙伴形成的中短期创业活动合作关系，因为随着创业进程的推进，创业活动将日益复杂化，所以相对于情感关系，更为灵活、专业的创业商务协作关系易于形成利益互惠的创业基础。

四、创业网络强度

创业网络强度是指由多创业主体所构成的网络中相关主体间联系的强弱程度，主要分为强关系创业网络和弱关系创业网络两种类型。格兰诺维特提出四个方面的指标来衡量创业网络强度，主要包括创业网络联系的结点间情感方面的紧密程度、相互联系的时间长短、彼此间的信任程度，以及活动的互惠程度，这四个方面表现得越强，则表示创业网络联系的结点间的网络强度越强，而创业网络强度则表现为这四个方面的总和。埃西姆（Asim）[①] 在对创业网络具体维度进行研究的过程中，也提出了创业网络强度这一维度，指出创业网络强度受创业网络主体与其他结点间信息和其他资源沟通与交流的数量的影响，并且这种沟通与交流发生的频率，以及这种沟通与交流的公开程度都影响着创业网络强度

---

① ASIM Y, MALIK A K, RAZA B, et al. A Trust Model for Analysis of Trust, Influence and their Relationship in Social Network Communities [J]. Telematics & Informatics, 2019, 36 (3): 94-116.

的高低。创业网络强度作为新创企业信息、资源、知识获取的重要影响属性，对组织间资源的共享和转移与创业组织外部创新环境适应性具有显著影响①。综合目前测量创业网络强度的研究成果，主要包含以下度量指标：与亲戚和朋友联系的紧密程度、与风险投资者联系的紧密程度、与金融机构联系的紧密程度、与商业团体联系的紧密程度、与中介机构联系的紧密程度等②。

五、创业网络的网络关系治理导向

网络关系治理导向是指一系列用于保证网络有序、高效运作的各种规范以及协调网络成员的正式与非正式的宏观制度与微观准则的集合。胡琴芳③指出网络关系治理即通过对拥有关键资源网络结点间的合作制度与互动规则进行设计，针对网络关系中的组织结构、关系和行为开展有效治理，以实现网络整体层面的组织协同、创新与环境适应等共同组织目标。叶宝娟和方小婷④从前期内部主导和后期外部主导两个差异化阶段发现创业组织的网络治理能力对争取积极竞争优势均具有积极作用。其中"内部主导"的创业网络关系治理导向是指在强关系信任对降低创业交易成本与风险作用的创业网络情景下关注健全法律框架（体系化、一致化、执行有效）；"外部主导"的网络关系治理是指在复杂隐性创业知识传播作用的创业网络情景下关注创新商业文化、合作范式与集体创业性格（从众效应和虚荣效应）对促进动态创业能力的转

---

① 李志强，佟光霁．基于农村视角的创业网络与创业过程互动演进 [J]．商业经济研究，2018（8）：124-127.

② 陶文庆，鲍盛祥．创业网络强度、知识获取与新创企业绩效关系实证分析 [J]．商业经济研究，2015（25）：88-89.

③ 胡琴芳，张广玲，江诗松，等．基于连带责任的供应商集群内机会主义行为治理研究——一种网络治理模式 [J]．南开管理评论，2016，19（1）：97-107.

④ 叶宝娟，方小婷．创业环境与大学生创业意向的关系：有调节的中介模型 [J]．心理科学，2017，40（6）：1442-1448.

换。相关研究表明，这种差异化的内部主导、外部主导合作治理导向不仅影响创业团队合作关系的缔结与转换，它带来的媒介作用也关系到更大网络范围内分散性资源及信息的集聚与赋能①，对认识创业网络的动态影响属性具有重要意义，有助于挖掘不同网络主导层次带来的信息、资源和社会支持②对共享农业组织创业绩效的中介作用。

第三节　组织协同影响因素的相关理论综述

一、竞争强度对组织协同的影响

竞争强度指企业在所处行业中面临的竞争压力，其强度的高低取决于包含产品和技术、市场、客户需求及竞争对手等在内的多种因素③，高水平竞争强度说明企业感受到来自市场、客户及竞争对手的威胁日益增加但行业充满机遇和挑战；低水平竞争强度说明行业整体环境相对稳定、行业结构趋于平衡、企业从现有行业内部所能开发的机会有限。现有研究表明，市场竞争强度会显著影响新产品开发、产品创新等战略决策的主导方向，对创业企业效能发挥与创业组织绩效产出均具有重要调节作用：（1）低市场竞争强度下，市场变化、消费者偏好、技术变革可行性等信息都在创业组织的可测范围内，这使得他们易于准确识别并

① ETHIOPIA S. Internationalization of Family SMEs: the Impact of Ownership, Governance, and Top Management Team [J]. Journal of Management & Governance, 2012, 16 (1): 97-123.

② LEHENE C F, BORZA A. An Integrative Framework of Relational Governance Mechanism Building in Strategic Alliances [J]. Virgil Madgearu Review of Economic Studies & Research, 2017, 10 (2): 95-131.

③ 李颖，赵文红，周密. 政府支持、创业导向对创业企业创新绩效的影响研究 [J]. 管理学报，2018, 15 (6): 847-855.

捕捉机会，但同时却难以克服组织惰性、摆脱路径依赖，从而削弱了对资源组合方式的管控能力并对创新创业绩效产生负面作用；（2）随着市场竞争强度增大，行业创新活动与产品模仿加剧，存在多种分散创业组织资源与创业者注意力的竞争，从而影响组织识别和捕捉机会①，由于环境复杂动态性快速变迁，组织难以预测和把握顾客偏好与市场变化的速度和方向，将会加强资源整合能力的构建；（3）激烈的竞争凸显了时间的敏感性，增强了战略决策的复杂性，因此创业组织格外关注外部环境，将结合组织内部优劣势适时调整战略导向②。前述进展表明，面对创业组织所在行业内的市场环境动态性与不确定性，竞争强度的提高将加大创业活动战略决策的复杂性，迫使组织聚焦于占优的当前市场，并不断优化既有领域产品的生产、运营流程，进而提升新产品的开发速度。目前，农业创业领域正处于竞争强度逐渐提升的过程中，竞争强度的变化将调节农业创业企业应对设施、劳动力、物流、技术等全产业链共享而重新配置组织资源的能力，因此本研究将考察不同水平竞争强度对创业网络中心性、智力资本差异影响共享农业组织内部创新效能集聚的不确定作用。

二、创业模式融合方式对组织协同的影响

广义上，创业模式是创业者对机会、资源、组织等创业要素所采取的不同组合方式。张玉利（2003）③ 将创业管理模式界定为经营管理模式，认为新的创业模式往往意味着新的经营管理模式，这将导致创业组

---

① 孙永磊，宋晶，陈劲．企业家社会网络对商业模式创新的影响研究——竞争强度的调节作用［J］．管理评论，2019，31（7）：286-293，304.

② 徐海俊，武戈，戴越．"一带一路"建设与农业国际合作：开放共享中的农业转型——中国国外农业经济研究会 2015 年学术研讨会综述［J］．中国农村经济，2016（4）：91-95.

③ 张玉利．创业管理：管理工作面临的新挑战［J］．南开管理评论，2003，6（6）：4-7.

织整体竞争力的不断提升常伴随着集中式、分散式的创业活动参与方式的差异化选择。姜忠辉等（2017）①则提出创业者为实现自身的创业理想与保障自身权益，将出现低成本规模化、高成本精深化两种运营导向，体现为对各种创业要素的组合理念差异。据此，本研究将农业创业模式融合方式界定为创业者基于集中式、分散式等差异导向对农业创业机会、农业创业资源、农业组织形式等要素所采取的不同组合方式。在当今开放式创新时代下，农业创业企业主要通过将创新项目适度地向外界组织开放，以获取多层次返乡创业者、农村能人等广泛潜在创业参与者的支持，实现农业组织间异质性知识与互补性知识的多维度共享。在此过程中，知识社会的开放特性、流体特质与新民主理念会引发农业创业模式的融合进程大大加速，刘志迎（2020）②等即指出企业协同机制将通过成本利益分配机制、技术互补机制正向调节成员间的合作模式。基于此，本研究将共享农业组织的创业模式融合方式划分为合伙式创业模式融合、协作式创业模式融合两个维度。其中，合伙式创业模式融合是指强关系附属的亲戚、朋友或同村能人、青年等基于紧密关系形成共同发展预期目标并融合差异化资源的创业活动经营方式；协作式创业模式融合是指弱关系协作的机构投资者、行业服务提供者、多种农村创业者等基于农业创业企业提供的平台资源所实现的松散合作、网络关联影响复杂的创业活动经营方式。

三、领导风格对组织协同的影响

变革型领导能够解释为什么部分领导者可以进一步整合员工的动机和忠诚，从而实现更高的组织绩效。彭斯（Burns，2018）在提出变革

---

① 姜忠辉，罗均梅. 基于组织情境要素的内部创业模式分类研究 ［J］. 科学学与科学技术管理，2017（9）：143-160.

② 刘志迎，沈磊，冷宗阳. 企业协同创新实证研究——竞争者协同创新的影响 ［J］. 科研管理，2020，41（5）：89-98.

型领导的过程中也提出了交易型领导的概念并将其同变革型领导进行了对比①，发现交易型领导主要通过奖励换取下属的工作以实现激励效果，更加关注成员和领导者之间的关系性互惠，而难以实现变革型领导所开创的结构性互惠与知识性互惠。这些进展表明，虽然现有领导风格的研究成果相对丰富，领导风格被证明能够促进产品、市场以及管理创新之间的信息流通，能够改变员工感知到的团队创新气氛，但尚未面向农业创业活动形成情境化、系统化的研究成果。据此，考虑到变革型领导与交易型领导已经成为领导理论研究的两大核心维度，能够解释当前共享农业创业的动态变化竞争环境中领导调动员工创造性的差异化路径，因此本研究将这两个维度作为调节变量，以考察不同领导风格对创业网络规模与创业模式融合方式同共享农业组织间知识共享的潜在调节作用。其中，交易型领导是指领导主要通过权变奖励和例外管理激励下属，能够正向调节协作式创业模式融合方式对共享农业组织间创新知识共享的促进作用；变革型领导是指领导具有号召力、智力激发能力、个性化关怀魅力，能够正向调节合伙式创业模式融合方式对共享农业组织间创新知识共享的促进作用。

---

① HUDA M, MAT TEH K S, NOR MUHAMAD N H, et al. Transmitting Leadership Based Civic Responsibility: Insights from Service Learning [J]. International Journal of Ethics and Systems, 2018, 34 (1): 20-31.

41

第三章

共享农业组织的主要发展特征分析

第一节　共享农业组织的协同管理特征

一、共享农业组织产生的驱动力

伴随着农业供给侧结构性改革持续深入推进，我国农业产业化进展逐步加快，龙头企业、家庭农场、农民合作社等各类经营主体在该过程中得到了快速发展，多元化的农业经营主体在农民致富、农村繁荣和农业现代化建设中发挥了巨大作用①。综合而言，共享农业组织的产生动因主要包含以下三个方面。

（一）政策驱动力

政府在农业产业发展中承担着完善基础设施、增加财税补贴、引领产业集聚等方面的重要作用，是推动共享农业组织产生的直观触发因素。特别是在缺少稳定市场规模、相关法律法规基础不完善的条件下，政府的各项产业支持政策便成为促进共享农业组织发展的重要基础②，各级政府及农业主管部门所提供的金融服务、项目扶持、人才支持、教

---

① 陈良正，陈蕊，王雪娇，等．云南省高原特色农业产业政策创新探析 [J]．江西农业学报，2019，31（11）：142-149.
② 芦千文．现代农业产业化联合体：组织创新逻辑与融合机制设计 [J]．当代经济管理，2017，39（7）：38-44.

育培训等具体支持政策，特别是相关土地流转政策与农业基础完善政策，打消了参与主体的顾虑，调动了他们参加联合体的积极性。以此为基础，中央关于"三农"问题的重要文件都先后指出要培育新型农业经营主体，发展各种形式的规模经营，《关于加快构建政策体系培育新型农业经营主体的意见》《关于促进农业产业化联合体发展的指导意见》《中共中央国务院关于实施乡村振兴的意见》等一系列政策的先后出台，都明确提出要大力培育和发展农业产业化联合体，这成为共享农业组织产生的重要契机。

（二）市场驱动力

伴随着农产品向买方市场的转移，消费者对绿色、有机、无公害农产品的差异化需求激增，这从客观上要求农产品产业链经营主体间进行联合，合力打造市场认同的农产品品牌，发挥协同效应[①]。在此过程中，农业生产链分工细化、农业技术变革、农产品市场格局转变都对共享农业组织发展产生了推动作用。其一，农业生产链分工细化增加了产业层次并延长了产业链条，伴随多样化农业生产经营主体能够集中在各自的市场领域，劳动效率的提高和规模报酬的增加为农业产业的专业化发展带来了诸多利好，而同时分工领域之间的合作关系对产业链整体价值的影响也更加突出，特别是在面临市场波动时，市场交易机制以及农业组织形式对不同市场参与主体的影响差异显著，如何在该过程中保护农业生产的弱势群体，发挥农业生产经营的产业链价值整合、平衡作用，是市场层面的重要机制建设内容。其二，市场需求的提高也加速了农业技术进步及其应用场景的拓展，使得优良的农产品品种、精细化的加工方式在市场刺激下通过联合体快速传递到多维度的经营主体中，对农业产业链由分离走向整合、由纵向整合走向混合整合的过程具有重要

---

① 汤吉军，戚振宇，李新光. 农业产业化组织模式的动态演化分析——兼论农业产业化联合体产生的必然性［J］. 农村经济，2019，435（1）：58-65.

影响。其三，伴随农产品由卖方市场向买方市场的急剧转变，在农产品同质化竞争加剧、一般产品滞销的背景下，打造具有独特细分市场优势、能够发挥农产品品牌效应的产品，成为市场驱动下加速农业组织形式创新的重要契机，要求多方经营主体在合作过程中逐步提升质量带来的垄断利润，并催生了农业产业化组织制度的创新需求，成为大多数共享农业组织的基本定位。

（三）企业内部驱动力

农业生产经营中的多元化经营主体均有各自的经营长板和短板，需要在加速联合的过程中取长补短，不断增强协同创新能力，以获得组织层面的持续发展动力。通常而言，农业龙头企业由于贴近市场端，因此能够更好地发挥农产品加工、研发、品牌等方面的经营优势，且更易于采取市场化的融资手段推动企业扩大经营规模，但需要面对大规模、分散经营的基层农户和供应商，由于农户存在自给自足的经营特征，龙头企业在原料质量、渠道等方面存在较低的管控权限，由此产生的风险和不确定性成为农业龙头企业的主要经营短板[①]。作为传统的第三方机构，农民合作社在集中农业生产需求，提供统一农业经营服务方面，形成和具备了较好的群众基础，但始终面临着自主可持续经营方面的难题，在创新服务内容、促进农户联结、支持龙头企业参与联合经营方面，仍需要持续创新经营机制，以增强经费、人才及合法性保障，特别是在土地流转机制不断健全的情况下，如何更好地借助土地流动性及其资源整合优势转变以往的农户分散、小规模经营方式，这将成为农业合作社的重要工作内容。大量分散的农户作为种养环节最基本的经营主体，普遍存在"只顾低头种地，不抬头看市场"的问题，难以突破资金、技术、风险的制约，在农业生产的规模化经营中处于劣势，且受到

---

① 王志刚，于滨铜．农业产业化联合体概念内涵、组织边界与增效机制：安徽案例举证［J］．中国农村经济，2019，410（2）：62-82．

原有知识结构、经验结构的较多限制，需要更多的技术、知识、理念宣传教育，以提高对现代农业生产活动的价值认同。上述分析表明，从构建完整高效的农业产业链来讲，农业龙头企业、农业合作社、农户都有各自的经营优势及发展困境，需要在农业产业化发展的过程中，通过开展响应市场变化的合作机制创新，来不断调整各主体的发展方式及合作要点，实现互利互惠、合作共赢。

二、共享农业组织的"共享"特质

在农业生产经营活动中，共享农业组织各成员协商制定出联合体共同章程，明确各方责任，同时，成员间签订契约，确立生产经营的主要合作方案。在共享农业组织中，龙头企业将首先通过专业化的市场调研，对特定领域的市场供需特征进行分析判断并转化为生产决策，将该决策相关的生产目标及任务沿着农业产业链传导至生产端，并根据所塑造的农产品品牌不断制定和完善全程生产标准，开展产品源头管控以及技术、信息服务，提供技术培训等[①]。在共享农业组织中，农民合作社的作用将进一步提升，服务对象和内容将进一步扩大，成为衔接龙头企业和农户，不断满足新型农业生产环境及其知识更新需求的推动者，为耕种收管、疫病防控等环节提供精细化、专业化的社会服务支持。在共享农业组织中，各类农户作为一线生产经营者将进一步强化专业生产能力，在土地流转机制不断完善的前提下，形成农产品的品牌化运营基础，并通过合同协议、规章制度等方式实现联合发展和合作共赢，依托共享农业组织形式参与生态旅游、农业教育、农事体验等多种形式拓展获利来源，成为新型农业经营者。

具体而言，共享农业组织具有以下三个"共享"特质。

---

① 尚旭东，吴蓓蓓. 农业产业化联合体组织优化问题研究［J］. 经济学家，2020
（5）：119-128.

（1）产业联结方面：提升共享农业组织的规模集聚效应，提高市场竞争力，实现整体经济效益提升是产业联结层面的共享核心。由于小农经济的自给自足特征，传统农业产业组织在合作行为关系上是分散性的，各自为政，很难建立强大、稳定的协作基础，这导致各个产业组织或者组织成员间的业务关联较为单一，无法承担复杂合作以降低合作的不确定性对关联业务的复杂干扰。而共享农业组织则通过复杂的产业协同关系，拓展了合作的内容和途径，让不同的农业经营主体走出了小农经营的困境，在多维度合作中形成了更加丰富的信息、利益及行为互动基础，推动实现了更为复杂的产业协同关系，为农业产业的融合发展提供了产业联结层面的共享基础，有效降低了多主体协同的交易成本与合作的不确定性。其一，在共享农业组织的合作经营中，成员间订立了联合章程，相互之间签订了生产、服务、购销方面的契约，甚至龙头企业与家庭农场间相互参股，并且联合体成员相对固定，实际上建立了一个长期稳定合作的利益共同体。这种制度安排能够有效增强共享农业组织成员的身份认同感、归属感与合作意识，有助于形成完善的显性与隐性契约体系，也提高了信息对称程度，从而实现有效的正式契约治理与关系契约治理，最大限度地降低了交易成本。其二，共享农业组织的各成员能够建立基于价值链和产业链的专业化分工体系，参与主体不仅能够基于不同优势嵌入产业链的横向和纵向合作，形成更加专业化的生产优势，而且能够分享价值链整体增值的长期效益，进一步改善了分工经济，开拓了不同主体的发展空间。其三，共享农业组织中的龙头企业可能不仅是传统的农业企业，其他领域中的食品加工企业、商贸企业等都有可能在共享农业组织中发挥"领头羊"作用，通过他们在管理、技术、信息等方面的优势，把专业合作社、家庭农场和专业大户用更贴近市场、更具有策略优势的方案组织起来，进而提高其市场竞争力。其四，在品牌效应的基础上，共享农业组织以同一品牌为市场导向，能够加速土地、劳动、资本、管理、信息、技术等多种生产要素的品牌化集聚①，这不仅能够提高产业链整体价值，而且能够促使共享农业组织中的不同主体形成高度统一的合作步调，有效约束和减少非合作行为，提高传统农户的高质量经营思想认识水平。其五，共享农业组织在业务关联的紧密性和品牌化运营基础上形成的高价值溢出，能够为多维度的参与主体，特别是基层主体提供较好的激励约束机制。相比以往的分散农业经营，虽然各成员仍为自愿加入、自由退出的身份属性，但在面临非合作状态下较高的独立经营、自负盈亏风险及日趋激烈的市场竞争，多数参与主体更愿意选择共享农业组织形式。

（2）要素联结方面：更高效率地保障农产品质量安全，且在充分保障生态效益的同时，使品种和质量更加契合消费者需要，是共享农业组织要素联结方面的共享核心。长久以来，由于农村土地不能抵押，农业融资难、设施用地紧的问题已经成为农业产业化开发的痛点，不利于引入社会资本及科学的管理方式，难以激发农业资源的流动性以有效抵御自然和市场风险。由于信用贷款受限，农业生产的前期资金投入较大，并对基层农业生产主体开展农事活动的影响显著，大量农用物资需要生产主体自行垫付，而农业经营活动的价值周转、变现周期较长，极大增加了基层个体参与农业生产的风险和不确定成本。这种情况在共享农业组织中将得到有效改善，合作社、家庭农场的前期农资可得到共享农业牵头企业多种形式的资金垫付，或由共享农业组织整合供应链信息向银行申请提供无抵押、无息贷款或低息贷款，借助产业链资源为基层农业生产活动争取到成本更低的资金保障。与此同时，共享农业组织中以保障多途径资金融通为基础的要素联结还延伸形成了相关设备、物资、技术、人才等的多维度合作关系，为多维度农业经营主体的深度合

---

① 尚旭东，叶云. 农业产业化联合体：组织创新、组织异化、主体行为扭曲与支持政策取向 [J]. 农村经济，2020 (3)：1-9.

作提供了超越以往的信任条件，加速了资金、土地、技术、信息、品牌和人才等资源要素的整合优化，使多维度的农业经营主体更有意愿在共享农业组织内部开展稳定合作，不仅显著降低了组织内部的交易成本和违约风险，而且也形成了相对于外部分散经营的规模经济效应和相对垄断优势，形成了组织内自我强化的要素联结机制。以此为基础，也有部分共享农业组织探索形成了新型的农业融资方式，放大了规范化管理、产业链运营带来的信息聚合优势，让更多农业生产经营主体摆脱了抵押贷款的约束，享受到了产业链维度的信用贷款资格，极大释放了现代农业生产的活力。这引起了部分地方政府的高度重视，推动形成了"政府基金+合作组织基金+银行配比性放贷"的运作模式，通过分户使用、简化手续、随用随借等管理手段创新，有效提高了普通农户的农业金融服务获得感。

（3）利益联结方面：建立激励约束机制，让多方农业经营主体都能分享组织发展成果，增加同非合作状态相比的收益增长，增强稳定经营优势，是共享农业组织利益联结方面的共享核心。作为紧密型的利益共同体，共享农业组织内各类主体之间能够通过签订生产（服务）合同（协议）的方式，形成约束效力更强、风险共担的利益共享机制，在品牌化运作提升合理预期收益的情况下，让农户分享产业链收益，并持续增强合作经营的意愿和主动性。在生产服务环节，根据基层农户龙头企业的统一决策和协议要求进行规范化生产，合作社按照协议要求提供精细化服务，龙头企业则通过产业链运作优化资源配置关系，以收购价格补贴、农资与服务价格优惠、生产利润返还及其他组织内服务购买方式，让共享农业组织内不同的合作主体均能得到较为显著的收益增长。在机制层面，这种利益联结机制反映为以龙头企业为驱动的产业链信息系统整合过程，共享农业组织通过不断推动规范管理、建立紧密利益联结机制，可以进一步整合体系内的生产经营信息，以整体形式获得以往独立经营难以取得的信用贷款、保险服务，且通过模式创新形成了组织内风险资金运作机制，有效应对了农业生产过程中的自然风险与市场波动。此外，利益联结机制的建立和完善也增强了共享农业组织内部的资源要素流动性，使各方经营主体在普遍建立信任关系的前提下，可以通过多种途径入股、转让经营及收益权，增加了农业多元化融合发展的潜在途径。总体而言，共享农业组织有助于形成收益更高、体系更包容、交易稳定性更好的利益联结机制。一方面，共享农业组织的参与成员都是规模化经营主体，特别是龙头企业逐渐联合上游与下游的中小微企业组成企业集团，合作社也逐渐与上下游相关合作社组成合作社联合社，进一步增强了规模经济效应；另一方面，相对于以往产购销简单联结的合作方式，共享农业组织的利益分配不仅包含龙头企业自身获得的，而且还包括依托组织整体获得的超额经济报酬或社会报酬，能够释放合作社、家庭农场的参与主动性，且能在规范化管理的基础上形成有效的再分配机制，避免了以往合作过程中的零和博弈现象。

三、共享农业组织的发展路径

共享农业组织作为一体化的农业生产经营形式，包含了家庭农场、不同类型的合作社、具有纵向协作关系的多个涉农企业。相对于以往的"龙头企业+农场"模式，农业产业化联合体成员更为多样化，分工协作程度更高，同时也实现了适度规模经营，并且农业产业化联合体的建立受到较少的生产要素约束与外部制度约束，具有明显的优越性。共享农业组织以龙头企业为引领，家庭农场为基础，农民合作社为纽带，各成员具有明确的功能定位，该类型组织模式的创新修正了龙头企业、合作社、家庭农场各自的缺点，形成了农业生产经营活动协同管理的基础和优势。以农业产业化联合体为契机，不断发展形成的共享型农业组织能够优化龙头企业、合作社、农户各自的资源，重构农业生产经营活动的利益价值链条，帮助三方找到自身优势，从而实现农业生产经营活动的整体利益最大化。

在推进农业供给侧结构性改革的基础上，为了培育和支持带农作用突出、综合竞争力强、稳定可持续发展的农业产业化组织，有效帮助农民进步、提高农民收入、推动农业发展，共享农业组织形成了服务于现代农业发展方向的独特路径。由于合作经营过程涉及多元化的经营内容，合作主体的经营特征及利益诉求差异显著，因此如何在自愿参与、民主合作、市场主导的前提下有效实现兴农富农，不仅涉及保障合作主体地位的问题，也涉及创新合作机制、提升整体协同创新效益的问题，需要共商合作、共议发展、共创事业，有效挖掘现代农业产业链的价值增长空间。这表明，共享农业组织本身具有较高的多主体协同管理诉求，而且已经成为新时期农业产业化创造价值的重要议题，相对于以往仅关注土地、资金、技术等"硬"投入阶段，已经进入关注农业生产经营"软"投入问题的阶段，对释放现代农业产业发展价值意义重大。

一个好的制度框架可以降低交易成本，增加管理稳定性和有效性。共享农业组织要持续增强降低交易成本、稳定合作关系的重要功能，需要关注多主体农业生产合作过程中的契约体系、执行标准与协调机制建设。基于上述思考，促进共享农业组织发展，需要重点关注以下三个推进路径。

（一）不断建立和改革多元主体的分工协作机制

共享农业组织的首个贡献是建立了一套完整且不断完善的经营秩序。着眼于共享农业组织中不同主体的优势和定位，经营秩序能够发挥规范成员经营行为的作用①，保障组织能够提供较强比较优势、足够规模优势的产品和服务，同时搭建起成员间基于专长分工的"产业生态"。不断提高的龙头企业带动能力（建立现代企业制度、投入产业升级转型、发展精深加工、健全农产品营销网络）、农民合作社服务能力

---

① 任志雨，郑碧莹，王泽尤，等. 中国农业产业化联合体发展特点及前景［J］. 农业展望，2020，16（6）：59-62，69.

（保障成员民主权利、激发合作积极性、创新提供综合服务）、家庭农场生产能力（提高适度规模经营、实现规范科学种养、落实质量认证及信息追溯），有助于强化产品标准化、规模化和品质化优势，形成协调高效的链条分工，逐渐培育起主导产业的区域供给垄断优势①，并最终编织起业务有衔接、产品有链接、服务有对接的不断拓展的产业生态网。

1. 创建严格规范的生产规则。成员间首先要达成各方一致同意的生产规范标准，即创设一个所有成员必须遵守的"生产规则"，它要求所有成员的生产和经营必须统一品种、统一种养加工技术标准、统一田间（舍场）管理、统一品牌营销等，所有成员接受规则的监督，违规者将受到惩罚甚至被逐出组织。这种规范经营是农业现代化管理最核心内容的体现，与以往分散经营的小农经济相比，能够显著提升农产品的品质等级与品质稳定性，便于后续开展大规模的精深加工与品牌运营，而且与目前对食品安全的可追溯管理需求相统一，能够从源头上实现全链条的规范管理和信息收集。例如：江西广昌白莲产业按照"生产规则"种植的通心白莲，通透度可达98%，所有白莲的通透度都在95%以上，这与成立前散户生产的通透度不均、大小不一的白莲相比，品质提升显著，创造了其他主体根本不可能实现的供应优势。

2. 形成协调高效的分工链条。各成员依据各自专长和比较优势协调分工，实现基于长板优势的产业分工与布局，即在联合体内部，主要是第二、三产业方面进行分工布局，各方能够专注优势领域，强化核心竞争力，使得每个成员能在产业环节拥有自己领域、守住自身业务，显著增加参与主体的信任感和责任心，保障组织整体不仅在主营产品生产端的市场地位得到强化，还在每个产业链条进行了布局，抢占了市场先

---

① 曾定茜，阮银兰. 农村产业经济融合视角下农业产业联合体建设实践探索 ［J］. 农业经济，2020（8）：9-11.

机,逐步实现向地域单个产业垄断迈进的目标。例如,广昌白莲产业在品种、标准和销售方面具有比较优势,而在二次产业上,尽管成员在藕粉制作、饮料生产、闲食加工、保健品开发、饰品文创方面各有经营,但领域相互交叉重叠、各自优势不突出等短板和问题一直存在。通过"经营秩序"的规制,各成员规避或舍弃自身短板业务,突出强化核心竞争力业务,以生产端比较优势占领产业相关环节,实现互不呛行基础上的合理分工和专一发展,逐渐培育起了主导产业的区域供给垄断优势。

3. 构筑不断拓展的产业生态网。经营秩序的完善不仅使成员间分工更具效率(投入成本降低、生产效率提升、经营产业专一),而且更容易强化彼此间的业务对接、产品链接以及服务对接需求,有助于形成一张业务有衔接、产品有链接、服务有对接的联结不断紧密、业务不断延伸的产业生态网。例如,广昌白莲产业的成员围绕白莲种植、收采、粗精加工、废弃物回收利用、设备制造、技术服务、文创开发、休闲农业等业务,各成员相互都能形成上下游产业链关系,在联合体内部形成一条"你是我的经营对象、我是他的经营对象、他又是你的经营对象"的不断延展、互有利用、各有价值、合作持久的产业生态网。

(二)不断建立和健全多类资源要素的共享机制

组织发展的过程很难依赖前期设计,需要在竞争过程中不断调整以适应环境变化,因此不同阶段的管理方式、经营战略往往需要考虑各个阶段的政策条件和市场情况。持续推动共享农业组织合作机制的健全、完善,要在坚持民主决策、合作共赢的前提下,不断引导多方合作主体积极高效沟通和协作,基于充分协商和民主协议,共同形成协作方案、业务合作合同,为保障多方合作的共同利益、维护主体权益提供议事基础及良好的沟通氛围。在该过程中,建议共享农业组织依托现有条件建立相对固定的办公场所,增强民主议事的仪式感,以多种形式沟通协商涉及经营的重大事项，共同制订生产计划，保障各成员的话语权和知情权①。同时，也需要共享农业组织通过资产联结、资金联结、技术联结、品牌联结、服务联结等多种途径，更加包容性地处置不同合作主体的权益诉求，吸引更多高质量、意愿强的合作者加盟，实现农业产业链要素层面的互利互惠，在共同完成生产任务的同时，完善产业链，提升价值链，增强共享农业组织整体的凝聚力和竞争力。

（三）不断建立和完善多种形式利益的共享机制

推动整个产业链实现资源的最优配置，需要充分挖掘产业链上的增值空间，加大现代机械设备、生产技术、先进经营管理方式等现代生产要素的引入，从而借助共享农业组织改造传统农业，促进农业现代化。然而，农业生产经营活动的参与主体由于存在较大的智力资本差异，在合作过程中的个人理性往往难以聚集形成集体理性，且在制度不健全的条件下合作本身容易出现"搭便车"问题，可能会增大共享农业组织的合作不确定性与交易成本。因此，需要借助有效的机制设计，通过"互利+约束"的方式将共享农业组织打造长期合作导向的激励约束相容型制度，提高紧密合作套件下的成员间信任作用与价值，增加非合作条件下的选择成本，以消除机会主义行为的动机，推动多方合作主体的个体理性与集体理性趋于一致，从而促进共享农业组织在资金、技术、劳动等要素方面的深度融合。此外，让渡组织收益、赋予成员剩余索取权利益联结的可持续才能维系组织运行的可持续，该过程中赋予成员部分"剩余索取权"，即将组织收益部分让渡给内部成员，实现成员利益始终与组织收益紧密捆绑，对于构建产权明晰、分配合理、各方接受的利益联结机制尤为必要②。对此，共享农业组织能够引导内部形成服

---

① 马小龙，周玲芳. 我国新型农业经营主体共生发展探究 [J]. 农业开发与装备，2020（10）：54-55.

② 陈冬雪. 农业产业化联合体与农业高质量发展的内在关联与对策建议 [J]. 农业与技术，2020，363（22）：170-173.

务、购销等方面的最惠待遇，通过技术免费、农资让利、合同奖励、溢价收购等措施让渡组织收益，让各成员分享共享农业组织整体发展带来的好处，有效促进相关组织要素的快速联结与流动。

第二节　共享农业组织的发展现状与启示

一、国内现代农业组织的发展成效与问题

（一）我国现代农业组织的发展成效

多年来，党和政府一直鼓励农业产业化发展，要求把现代产业组织方式引入农业，提升农业的整体素质和竞争力，为此出台了一系列关于农业改革与发展的引导政策，为现代农业组织的发展创造了良好的外部环境。2004 年以来，中央一号文件连续多年强调要持续支持农业产业化经营和龙头企业发展，特别是 2013 年明确提出要着力构建集约化、专业化、组织化、社会化相结合的新型农业经营体系，以推动我国农业产业加快向现代化发展方向转型。2016 年的中央一号文件则进一步要求构建现代农业产业体系、生产体系、经营体系，以新型的农业产业化经营组织为依托，促进农业产销紧密衔接、农村一二三产业深度融合发展，再次明确了农业产业组织创新的方向和主要需求。2017 年，国家政策中提及农业产业化联合体的部分多为鼓励龙头企业、农民合作社达成约定，以形成更加稳定、更加紧密的新型组织联盟。2018—2020 年，政策更倾向于促进形成农业产业化联合体试点，探索各方合作经营的方式，研究联合体示范的标准，并植入数字经营模式，将农业生产的产前、产中和产后联系起来。从 2021 年开始，政策更注重于强调农业产业化联合体中龙头企业的带头作用，希望以加强龙头企业的引领作用的

方式，健全整个联合体的联动效果，以达到提高农业效率的目的。考虑到土地制度是所有农业制度安排的核心，多年来我国政府积极推进农社地制度的"三权分置"与物权化改革，逐步建立并形成了保障土地适度规模化集中经营的产权明晰的政策基础，为农业资源的产业化经营提供了更具法律约束力的制度空间。同时，在农业生产基本满足国民生存需要以及保证粮食安全的基础上，如何切实促进农民收入增长、推动农村发展，成为当前我国农业农村发展面临的重要问题。在逐步理顺农业生产基础的条件下，如何进一步打造更具经营优势的组织模式，成为当前党和政府关心的重要问题。对此，党的十九大报告强调，要构建现代农业产业体系、生产体系、经营体系，完善农业支持保护制度，发展多种形式适度规模经营，培育新型农业经营主体，健全农业社会化服务体系，实现小农户和现代农业发展有机衔接。促进农村一、二、三产业融合发展……使不同层次的农业经营者分享农业产业链条各环节利益，对农业组织的创新发展提出了更加紧迫的要求。农业产业组织作为衔接"小农户"与"大市场"的重要平台，无论在国外还是在国内，都是推动农业产业化经营的重要力量，对不断完善以市场机制为基础的农产品购销和价格体制，推动农业产业链各环节市场主体之间通过契约关系实现纵向或横向联结、共同参与市场竞争，具有重要作用。

多年来，我国不断改善乡村创新创业的环境，乡村产业得到了迅猛的发展，不仅提升了乡村的农业经济发展，促使乡村更加繁荣，而且农民的就业形式不断得到改善，农民的收入也在不断提高。一是农产品加工业得到空前发展。农产品加工业在 2019 年的营业收入高达 22 万亿元，农产品加工业的规模不断扩大，有 8.1 万家大规模的农产品加工企业，创造了 3000 多万人次的就业岗位。二是乡村特色产业的发展趋势不断攀升。以地域特色为发展基础，不断地发掘大量具有地理标志的优质乡村产业，打造了 10 万多个"土字号""乡字号"的乡土特色品牌，形成了一批产值超 1 亿元的特色产业村和超 10 亿元的特色产业乡镇，乡村休闲旅游业也随之迅猛地发展，各式各样的乡村休闲旅游线路不断被打造出来，例如，湖南食山乡村游、龙王沟平顶山乡村游等精品路线广受好评，2019 年，全国休闲农业的营业收入高达 8500 亿元，接待的游客超过 32 亿人次。三是乡村新型服务业快速发展。不仅有涉及农林牧渔产业方面的新型服务业，拓展到网络销售方面的创业企业数量增长同样惊人，据农业农村部的统计，农村网络销售额高达 1.7 万亿元，2019 年有 3 万家涉农电商，农产品的网络销售占据了主要位置，有 400 多亿元的销售额，农林牧渔产业方面的新型服务业的产值则有 650 多亿元，乡村新型服务业的发展趋势处于上升阶段。四是农村创新创业发展规模显著提高。2019 年，在乡创业人员高于 3100 万，返乡入乡创业人员高达 850 万，其中有 50% 的返乡入乡创业人员借助"互联网+"进行创新创业，有 80% 的返乡入乡创业人员创办农村产业融合项目，创新创业的模式也在不断地拓宽，创业形式也趋于多样化，而且农村创新创业人员的综合素质也呈上升趋势，这不仅解决了农村农民的就业问题，而且为农村注入了新的力量源泉，有利于促进乡村产业的发展。

在我国农业产业发展、农村振兴的大环境下，以农业产业化联合体为主要形式的现代农业组织建设持续推进，取得了显著成效。2018 年，我国在涉及河北、内蒙古、新疆、安徽、河南、海南、宁夏等七个省区积极开展农业产业化联合体试点，其中安徽、江西、河北等 10 多个省市也纷纷推出"农业产业化联合体实施方案"。截至目前，全国农业产业化联合体数量已经破万，特别是近几年，我国农业产业化联合体规模不断扩大，成为推动农业高质量发展的新生力量。根据农业农村部调查，截至 2020 年 6 月，我国家庭农场和农民合作社分别超过了 100 万家和 220 万家，全国县级以上龙头企业约 9 万家。另外，中国已有 6000 多个农业产业化联合体，包括农业企业 8000 多家，带动合作社 2 万多家、家庭农场和专业大户 21.5 万个，辐射带动农户 1500 万户，年营业收入约 9000 亿元。

从目前主要试点省份的农业产业化联合体典型案例来看，现代农业产业组织创新主要有三个方向：（1）单品产业化联合体居多，通常以某一品类农产品种植、加工、销售的一体化经营为基础，联合个体经营者、农业种植专业合作社、农机专业合作社及物流货运、商贸、电子商贸、财务咨询、法律服务和资本投融资等多家成员单位，共同打造该单品类品牌、提升品牌价值，能够有效整合该品类产业链的上下游企业和相关技术、服务信息，带领联合体的各成员将优质农业品牌推向更加广阔的平台；（2）本地成熟单品产业是开发重点，将优质原料、已有经营渠道、良好口碑结合，通过对内统一生产、互帮互助，对外统一销售，实现抱团闯市场，不仅能够立足本地市场形成稳定经营基础，而且还能面向外部市场实现原有单品的品质保障、规模保障，并依托联合体对外开展农业社会化服务和冷链物流服务，全面打造单品类的区域优质品牌；（3）龙头企业的加工能力和销售能力至关重要，集研发、生产、加工、销售为一体的农业龙头企业能够形成更强的产业链整合能力，对营造产业良性发展氛围、引领区域农业产业健康发展意义重大。2019年，农业农村部对外发文，中央财政将安排100亿元资金，重点支持发展农产品初加工、创建特色品牌等，进一步表明食品企业、农场流通企业、农产品加工企业是支持发展的重要经营主体，其在龙头企业带动、合作社和家庭农场跟进、广大小农户参与的现代农业产业组织方式变革中，属于政策重点鼓励方向。

这表明，具有农业产业品牌资源统筹运作基础的企业将成为持续推动共享农业组织发展的核心主体。其中，与农业相关的食品加工企业通常拥有完整的食品设计、研发和加工能力、销售渠道，可以弥补家庭农场、合作社在农产品精深加工方面的短板，担当共享农业组织的发展的"领头羊"；农业流通企业通常具有很强的价格发现能力和产品销售能力，不仅可以帮助共享农业组织发现市场需求，解决农产品销售难题，而且还会借助自身资源吸纳农产品加工企业、电商公司加入农业产业化联合体，为推动农业产业的现代化发展提供更多商业机会；农产品加工企业具有规模化、创新型的农产品加工能力，能够在日益规模化、标准化发展的农业体系中发挥突出的产品虹吸能力，有效集中农业初级产品，聚集家庭农场和合作社共同发展。

（二）我国现代农业组织的发展问题

目前我国的农业产业化联合体还在推广试点，以共享农业为新方向的模式还需要探索，多元农业生产主体的深度合作还存在诸多模式方面的探索空间，需进一步提高农业产业化的多元主体发展能力，形成更具产业链优势的软实力。对此，本研究归纳整理了目前我国农业产业化联合体及共享农业组织在试点过程中发现的主要问题，即"实质合作少，联合效果差""利益联结简单，限制发展的农业金融约束多""不重视网络关系建设，产业链资源整合弱"。表明目前农业产业联合体的组织形式和服务项目比较常规，更多为原有"农业龙头企业+农户"的延续，未能充分发挥出多种形式合作社的作用，带动农户入股龙头企业的方式也较为单一，未能很好地促使各经营主体形成更加紧密的利益联结机制，亟待进一步探索共享农业组织形式的网络化农业资源优化配置。

实质合作少，联合效果差。现代农业组织建设的基本目的是推动形成以龙头企业为引领、多元主体参与的产前、产中、产后农业产业链深度融合的组织机制，发挥各农业主体的专业优势，共同打造农业产业链发展优势。但由于部分龙头企业经营不善、合作组织制度设计不合理、合作过程风险事件干扰等诸多因素，农业合作组织建设发展过程中出现了多种多样的合作不深入、联合效果差的问题。实践过程中发现，有些农业联合体为了满足评选标准，在缺少足够合作社参与的情况下，通过弄虚作假手段与"僵尸合作社"签订合作协议，缺少了农业合作社在其中发挥应用的中介和创新服务职能，暴露出了传统"龙头企业+农户"的种种经营弊端，未能带领广大农户从农业品牌开发和产业链运营中获取更高收益，甚至严重侵害了农户利益，反映出较为突出的农业机会主义行为，为当地开展农业合作带来了较为负面的环境影响。同时，多数合作组织对参与农户提出了较高的要求，导致联合体运营中的家庭农场认定标准偏高，虽然一定程度上起到了"择优录取"、减轻发展负担的效果，但限制了合作范围，能够增收的主要为部分家庭农场、专业大户等"精英农户"，普通农户主要通过流转土地、务工收入改善生活条件，存在新一轮农村人口流失的风险，对当地农业产业化发展的作用有限，也难以通过合作社形成更具社会意义的多元农业服务。此外，多数农业合作组织的自身制度建设不完善，存在合作协议、合同管理制度不健全，激励约束机制设置不到位，沟通议事机制缺失等突出问题，导致合作社难以发挥应有的主动服务能力，在组织农户学习理解新政策、新技术、新模式方面的目标导向模糊，农户缺乏有效的参与机制，对合作组织的认同感偏低，难以建立较为紧密的信任基础，进一步导致了农民缺乏合作意识、合作知识、农业技术以及经营管理知识。

利益联结简单，限制发展的农业金融约束多。农业产业化联合体的主体间利益关系联结主要通过签订联合体章程、签订收购协议的方式，两种方式都仅从参与资格、风险交割方面形成了保底式的利益联结设置，对推进深入合作关系的建立与服务机制创新的作用较弱。其中，签订联合体章程所涉及的内容主要体现在组织架构和日常管理制度，意在明确和限定各合作成员的权利及义务，主要围绕成员构成、设立目的、经营范围、组织架构及其职能等方面，而对促进规范管理、增强激励相容性、促进沟通协作等相关的管理机制缺少考虑，这些大多数成员均能符合要求的条件无法产生有效的择优和激励机制。签订收购协议能够从具体的产品质量指标方面保障收购环节，保障企业原材料稳定供应，确保材料稳定生产，促进农业产业化发展，但目前仅为基本的购销关系，无法从产业链层面形成更为丰富和广泛的利益联结关系，对不同农业主体的激励作用范围较小，使农业主体的参与意愿较弱。此外，多数合作经营组织的实际经营情况并不乐观，经营业务仍以常规的统一购买生产资料、统一整地播种、统一喷洒农药、统一管理和统一收获等环节为主，合作内容简单、合作机制缺乏创新，对打造现代农业产业链竞争优势的作用有限，尚未形成以优良品种服务、种植技术服务、农业科技服务为依托的更加紧密的合作关系，难以提高联合体内不同主体的信用合作效率，与建设符合现代农业发展趋势的农村金融互助体系、农业金融服务体系，形成突破以往金融服务缺位和金融资源供应紧张不利局面的有效途径，仍具有较大差距。

　　不重视网络关系建设，产业链资源整合弱。当前以农业产业化联合体为主的农业合作组织主要将邻近区域内经营内容相似的农业经营主体聚集在一起，促进当地龙头企业、合作社和家庭农场组成联盟，以达到抱团取暖的效果，但发展格局较为局促，并未面向更加广阔的市场环境形成外向型的合作网络关系①，一定程度上限制了资源整合的范围和风险应对的空间，难以响应因日趋激烈的竞争趋势而形成的开放式发展方式。因此，虽然关注本地单一品类有助于快速形成联合体的发展基础和优势，但长期看来不利于充分调动和发挥龙头企业优势，实现全社会范围内的农业资源配置优化。而伴随农村土地流转政策导向的不断明朗、我国经济发展环境的持续优化、农业劳动者素质的不断提高，农业生产经营活动将愈加具备现代产业的发展条件——要素流动性增加、信息化支持更普遍、经营网络更广阔。对此，需要针对土地、消费环境、参与者素质能力等方面的新情境，统筹考虑共享农业组织的独特作用。（1）要针对耕地分割局面逐渐被打破的现实情况，积极推进代耕代种、土地托管、联耕联种、按户连片等规模化经营方式，进一步拓展农业合作的网络空间，在土地、资金、劳动力等重要农业要素跨区域整合的基础

---

　　① 成灶平．农业产业化联合体管理协同机制研究［J］．北京农业职业学院学报，2021，35（1）：23-29.

上，加速创新技术扩散，提高土地利用率和劳动生产率；（2）金融发展基础和金融信用环境建设的差异性将逐渐减少，更具创新性和激励效果的金融创新工具将为现代农业产业化发展带来更多崭新契机，它要求农业管理活动更加规范化、标准化，也要求农业产业的经营者更具现代视野，充分认识和理解区域间人力资本和消费水平、市场建设的差异性，提前统筹和完善联合体的内部管理制度；（3）农业活动的广大参与主体受乡土情结的影响较为普遍和显著，思想意识相对闭塞，对本地区同乡文化的认同感较高，而对外来，特别是商业资本的信任感天然较低，虽然易于建立以本区域和熟人关系为基础的合作关系，但在扩大经营领域和范围时，往往难以建立信任基础，容易产生机会主义行为。

上述农业产业化联合体在试点过程中发现的主要问题，同《全国乡村产业发展规划（2020—2025）》提出的发展目标相吻合，表明在今后中长期内，我国农村产业发展的主要趋势及解决的主要问题是完善乡村产业体系、显著提升乡村产业质量、优化乡村就业结构、加速乡村产业融合、拓宽农民经济收益渠道、稳步提升乡村产业发展内生动力。以此为导向，农产品加工业要占据农业总产值的百分之三十，转化率要提升到百分之八十，这对加快建设现代农产品加工企业提出了更高的要求，而推动乡村休闲旅游业发展、深度发掘乡村农业价值、发展多元化业态类型，也需要不断拓宽乡村新型服务类型、提升乡村服务水平，同时强调了活跃农村创新创业氛围、积极鼓励返乡人乡人员、加强政策扶持力度的重要意义。因此，结合《全国乡村产业发展规划（2020—2025）》中对提升农产品加工业、拓展乡村特色产业、优化乡村休闲旅游业、推动乡村新型服务业以及推进农村创新创业的规划和建议，系统思考共享农业组织面临的主要问题及发展方向，是今后产业发展所应关注的主要内容。

二、现代农业组织发展对共享农业组织发展的启示

从宏观上来看，各个国家和地区农业产业化组织的发展都是按照现代化大生产的要求，在纵向上实行产销一体化，在横向上实行资金、技术、人才等要素的集约经营，通过不断变革旧的经济组织方式去追求潜在的经济利益①，实现生产、经营、服务与利益的多方结合，形成生产专业化、产品商品化、服务社会化的格局。而结合目前我国农业产业化联合体在试点过程中发现的"实质合作少，联合效果差""利益联结简单，限制发展的农业金融约束多""不重视网络关系建设，产业链资源整合弱"等主要问题，从推动纵向联合驱动的横向联合、优化共享农业组织的机制设计、完善现代农业产业服务体系三个方面进一步探索共享农业组织形式的网络化农业资源优化配置，将能够更加有效地发挥多种形式合作社的作用，集聚组织内部创新效能，促进组织间知识共享、提高共享农业组织的外部环境适应性。

（一）推动纵向联合驱动的横向联合

比较优势互补是纵向联合实现的基础，而纵向联合作为产业链延伸升级的重要推力，能够带动多元经营主体在合作中实现横向互动和产业链拓展，形成范围经济与规模经济的良性互动，从而整合组织内分散的资源和潜在创新效能，推动比较优势向竞争优势转变。目前，在具有一定发展成效的共享农业组织中，龙头企业主要通过拓展销售网络、打造高端品牌、提高加工档次等形式，在有效改善参与主体经营收益的同时②，持续改善了家庭农场的种植、养殖结构，提升了种养环节的效率和质量。以此为基础，共享农业组织在扩大种养规模、延长加工链条的

---

① 李含悦，张润清. 国外农业合作组织发展经验对农业产业化联合体建设的启示 [J]. 改革与战略，2018，34（12）：116-122.

② 钟真，蒋维扬，赵泽瑾. 农业产业化联合体的主要形式与运行机制——基于三个典型案例的研究 [J]. 学习与探索，2021，（2）：91-101，176，2.

同时，也通过推动农业产业融合发展，有效开发了农村剩余劳动力，带领家庭农场发展了乡村旅游、农事体验、参与种养殖等新型业态，进一步开发农业多重功能价值。可见，在共享农业组织中推动纵向联合驱动的横向联合，相较于直接加大投入推广某种农业经营模式，更有助于提升种养环节的集约化、规模化、标准化，使种养环节由产业链薄弱过程转变成竞争优势的主要来源，进一步推动产业链升级。与此同时，农业产业化的实践经验也表明，新型农业组织的发展要持续推动实现由资源要素导向到消费导向的转变，推动实现由降本增效到品牌价值打造的转变，由发挥单品低成本优势到整体经营优势的转变，这种纵向—横向互动机制是共享农业组织在开放发展环境中形成内生发展机制的重要基础，是合作剩余循环累积、不断扩增的源泉。而为了实现纵向联合驱动的横向联合，需要共享农业组织不断提高成员素质、加大研发投入，形成尊重创新的价值导向。在乡村振兴的时代感召下，新时期的农业生产和农村发展呼唤"知识型"农业经营者，不仅要懂生产、技术，还要懂市场，更要具备同其他产业相似的现代化管理经营的才能，最核心的是要通过合作社组织的专业培训，丰富知识途径、扩展视野、补全知识短板、提高智力资本，以此来改善甚至扭转农户与其他市场主体信息不对称的局面，帮助农户适应市场竞争、主动争取自身的合法合理诉求，有效发挥共享农业组织中的角色作用。

（二）优化共享农业组织的机制设计

机制设计是农业经营组织创新的必备环节，是农业组织今后开展认证管理、创新服务、监督保障等配套制度体系的关注重点，能够有效提升组织间的知识共享水平，显著提高企业创业绩效。如果仅从业务层面明确了订单、合同等契约安排，而没有将互利合作关系进一步制度化①，则短期的合作协议难以发挥保障良性合作的作用，对组织内部长期合作机制、生产投入、劳动操作、技术标准等的设计无法起到循环改进效果。可见，重视合作机制设计是共享农业组织显现成效并推广可复制经验的重要内容，需要共享农业组织在实践中试错、总结和优化，并持续打造适合本地产业特色、市场环境和民俗文化的创业模式融合机制，以更加广泛地调动农业生产主体的参与积极性。从实践经验来看，单纯依靠力量薄弱的合作社和分散农户难以实现农业生产的专业化，即合作社和农户不具备联合实现规模增长的动力，因此需要借助农业龙头企业的产业链整合作用，发挥市场的倒逼机制，加快合作社和农户为更多高质量订单形成服务保障机制。在此过程中，农业龙头企业将通过持续的规则更新、规范管理，推动合作社和农户提高知识共享和组织学习水平，不断形成组织认同，并通过设立包容性更强的沟通议事机制，用统一和易于被广泛接受的知识共享理念将涉农企业和分散农户紧密地结合在一起，有效提升农业经营的专业化水平。

（三）完善现代农业产业服务体系

完善服务是化解组织创新障碍的重要路径，推动了现代要素向农业的加速渗透，营造了农村产业融合发展的环境，为建立共享农业组织的利益风险分担机制提供了重要保障，是提升组织环境适应性的主要过程。由于参与主体众多、主体特征复杂、运行环节繁杂、价值诉求多样，因此利益分配机制合理化，是农业产业化发展追求的核心特征。在利益总和既定的前提下，产业化进程中的涉农企业、合作社及大量农户、顾客等各个利益主体，将依据其所处的地位和所发挥的作用，对经济利益进行分配。该过程中，不仅要考虑共享农业组织的主要价值创造方式，即组织的主要利润、效益的产生环节及贡献方式，科学认识涉农

①　万俊毅，曾丽军. 合作社类型、治理机制与经营绩效 [J]. 中国农村经济，2020（2）：30-45.

企业和社会资本对企业发展的贡献，还要考虑农户及潜在消费者在参与价值创造过程中的利益保障诉求。同时，组织经营绩效的水平也直接影响了利益分配的方式和途径。而实践表明，政府部门主动创新服务，帮助克服农业组织资金、技术、人才、信息等对创新发展的限制，对完善农业科技、农机装备、产业信息化、农产品质量安全、加工流通、农资、教育培训、土地流转等服务体系，对于降低企业经营成本，提供政策引领，提高社会认同，提高价值创造，具有重要的积极作用。例如，农业经营领域的信用体系建设十分重要，是以农业种植养殖保险贷款、产业链贷款为主要形式，不断创新形成的农业政策性保险与贷款途径，对于破除长期困扰农业发展的资金问题具有突出作用，有效解决了农业生产的资金难题，形成了共享农业组织优化内部治理导向、提高外部环境适应性的主要驱动力。

第三节　共享农业组织的协同管理要点

共享农业组织的协同管理机制是指共享农业组织生存和发展的内在机能及其运行方式，是引导和制约共享农业组织内要素资源的生产、经营和决策的基本制度安排。前述共享农业组织的协同管理特征及实践经验归纳结论表明，推动纵向联合驱动的横向联合、优化共享农业组织的机制设计、完善现代农业产业服务体系，是共享农业组织促进组织效能集聚、组织间知识共享、组织外部环境适应的主要途径，对共享农业组织发展具有重要作用。共享农业组织产业链的运作和发展，需要各参与主体互相协同，即通过促进共享农业组织内部的创新效能集聚、提高共享农业组织间的创新知识共享、改善共享农业组织的外部环境适应，来实现产业链协同，实现提高生态效益、社会效益和经济效益的目标。

一、促进共享农业组织内部的创新效能集聚

共享农业组织具有参与主体众多、合作过程专业化分工显著、合作利益关联度高、产业链价值增长明显、基层农户素质能力参差不齐等基本特征。这导致，虽然共享农业组织可以通过签订协议合同的方式实现分工合作，但如何有效发挥多维度农业主体的互补优势，提高经营效益、实现协同创新，已经成为相对于农业技术创新而言，日益重要的经营问题。共享农业组织在建立以龙头企业为核心，农民合作社为纽带，家庭农场和专业大户为基础的合作模式的过程中，就如何进一步针对共享农业组织的制度变迁基础、各主体独立经营模式、维持稳定持久合作关系等内容，考虑多主体之间的能力素质差异、市场竞争环境影响及合作环境作用，对促进共享农业组织内部的创新效能集聚具有重要意义。

（一）制度变迁基础的影响

社会经济发展使农业技术进步、分工细化，市场经济发展使交易费用不断上升，农业经营主体为减少交易费用，提高市场竞争力，开始走向联合。因此，共享农业组织是农业产业化发展到一定阶段的产物，是一种促进农业发展的制度变迁，要正视该过程中不同利益主体的能力基础差异、市场特性及合理诉求①，实现制度创新，以体现制度变革优越性。特别是考虑到参与主体差异化显著、利益诉求多元的现实问题，共享农业组织需要面向少数家庭农场、专业大户、服务专业户与大量小规模兼业农户并存的局面，创新和发扬企业家精神，注意与普通农户建立合理的利益联结机制、提供更多的发展机会，把示范带动效应扩散到普通农户。

---

① 钟榴，余光胜，潘闻闻，芮明杰. 资产共同专用化下制造企业联盟的价值创造与价值捕获——以索尼爱立信合资企业为例［J］. 南开管理评论，2020，133（4）：203-214.

（二）独立经营模式的影响

共享农业组织主要通过签订合同的方式形成合作关系及组织运行机制，在满足合作协议要求的前提下，参与经营的农业生产主体普遍具有较高的自主经营权限。在此基础上，生产经营合作中的各个主体凭借其自身优势力图实现抱团式发展，但由于经营主体普遍具有较为独立的经营权，各自的收益分配、资金来源和资产归属并未发生变化，因此如何在进一步加强利益关联，实现各主体间农业生产要素的有效整合，是打破独立经营壁垒所应考虑的重要问题。同时，共享农业组织推动大规模农业合作的主要获利途径即通过高效率整合资源、聚焦利基市场以提升在市场经营中的议价权，能够以更低成本的方式获得有质量保障的农资产品，在高于市场价格的销售渠道收购农产品，进而实现在组织内部的利润再分配与合作共赢。因此，如何协调多方主体独立经营过程中的协同关系，共同创造组织层面的良性价值、构建循环关系，是应关注的重要管理问题。

（三）持久稳定合作关系的影响

虽然在平等协商的基础之上能够制定共享农业组织经营的具体章程，但要通过章程保护各自的合法权益，使联合体内部的成员关系更为稳定，难度是很高的，还需要关注合作关系本身由利益基础、参与过程差异带来的不确定影响。一般而言，产业链条的有效延伸能够为农业现代化发展提供源源不断的动力，能够以此为基础有效提升农产品的附加值，并提高产业链中多元参与主体的利润再分配水平，有效改善基层农户的收益情况，且整个组织收入的稳定增长，为共享农业组织的稳定发展奠定了坚实基础。该过程中，为了推动产业链上中下游各主体之间形成长期稳固协作，要通过加大要素投入、促使市场信息和资源共享等途径，实现产品供给与需求信息的高效传递，从而为资金、品牌、技术、信息等方面资源的融合提供策略导向。在合作组织打造专业化、品牌化竞争优势的基础上，进一步降低不同主体间的交易成本及非合作风险，促使家庭农场、农民合作社以及龙头企业之间形成一个利益紧密联结的集合体。

二、提高共享农业组织间的创新知识共享

考虑到参与主体间知识、能力、诉求的差异性，以及组织运行内容本身的协同性和创新性，知识共享机制是共享农业组织良好运行的重要保障。知识共享机制可以增强各经营主体间的利益联结有效性与组织绩效，有助于共享农业组织内通过要素、产品、资金和服务共享，保障和放大各主体专长领域的价值创造及传递：让合作社和家庭农场理解龙头企业的贡献，提高对产业链组织、资金及技术引进、农产品品牌建设和市场开拓等环节的价值认同；让龙头企业和家庭农场理解合作社的贡献，提高对多样化高、时效性强的专业社会服务的价值认同；让龙头企业及合作社理解家庭农场的贡献，提高对土地、劳动力要素及专业化农业种养殖工作的价值认同。以此为基础，三大经营主体优势互补、信任协同、资源共享，有助于在共享农业组织中实现融合发展。

除了组织内的知识共享，共享农业组织的经营开放性也要求适应现代农业产业化发展的外延式市场发展形势，使得纵向合作、横向合作的交叉复合协同网络成为推动共享农业组织发展的重要动力。共享农业组织在传统农业横向组织联合的基础上，侧重于纵向合作与网络关系建设及管理，能够实现产业链条的多元交叉融合。其中横向协同网络的建设能够扩大共享农业组织的经营规模，由单一产品的购销发展模式转变为多元要素融合共享的模式，整合龙头企业、合作社、家庭农场等多维度主体形成规模优势明显的合作整体，在提高规模收益的基础上实现农业

经营提质增效①。纵向协同网络的建设能够稳定组织关系和利益关系。通过不断延伸产业链，共享农业组织能够将农产品的研发、生产、加工、销售、服务等环节融为一体，并为促进产业融合、改善农产品产业结构、提高农业的综合生产能力提供更广泛的合作空间②。

在实现有效知识共享的基础上，共享农业组织通过经营主体的纵横联合经营，不仅能够延长产业链，提高专业化程度和农业生产效率、扩大生产规模，而且有助于推进农村一二三产业的融合发展，在有效改善农业经营活动管理、提高机械化水平的基础上，为农业生产的富余劳动力或具备更高效率的新生代农业经营者，提供更多增加收益、推动产业发展的工作机会。通常来看，农业产业融合发展的过程主要反映为农业品牌建设与农业产业转型发展的过程，农户将参照和采用优良品种、生产方案、生产资金和专业技术，保证家庭农场实施标准化生产，合作社创新提供专业化服务，通过持续促进品牌创新，塑造品牌优势，增加品牌效益，来提高农产品的附加值。进而，有效的知识整合将成为该过程重要的前提和保障，能够通过品牌化战略进一步创造模式经济与范围经济，且通过关联产业开发，持续增加农业收益，持续提升参与主体的品牌建设及维护意识。

此外，实践中也发现，部分龙头企业的企业家能力、领导风格缺乏包容性，对共享农业组织中的多元主体合作缺少创新工作思维，阻碍了协同创新过程中的知识共享。可能多数民营企业存在人才短缺、招聘困难的情况，这一问题在农业创业企业中更为严峻，而共享农业组织面临才不足、招聘人才难的情况，潜在原因主要是企业家领导风格不契合管

---

① 窦祥铭，陈晨，彭莉. 推进农村一、二、三产业融合发展的典型模式探讨——以安徽省宿州市现代农业产业化联合体为例［J］. 陕西行政学院学报，2018，32（2）：106-110.

② 周冲，黎红梅. 农业产业化联合体发展：三产融合视角——来自 GS 粮食产业化联合体的案例分析［J］. 安徽行政学院学报，2019（1）：17-22.

理对象、企业自身发展能力不足。脱胎于小农经营的共享农业组织能够较快走过企业初创期，但随着分工深化格局的不断固化，组织内生发展机制的塑造往往受到龙头企业的影响，需要在龙头企业发展壮大的同时，发挥企业家精神，切实有效改善农民合作社、家庭农场的产业链经营能力。然而，部分共享农业组织在从"初创期"到"盛果期"的转型过程中，并未实现其领导能力、领导风格的转换，对推动组织创新与协同发展产生了不利影响，甚至发生了企业经营不善、老板跑路的情况，严重损害了广大合作经营者的利益，干扰了市场发展信心的凝聚力。因此，在不断强调农业龙头企业作用、优势的同时，还需要从推进知识共享、推动产业链横纵联结的角度，关注龙头企业领导能力、风格对组织发展的独特作用。

三、改善共享农业组织的外部环境适应

农业生产经营活动除了本身面临自然灾害及其他不确定因素的影响外，还受到区域间市场供需关系及产业政策的突出影响，而这也是长期以来小农经济无法形成应对机制的主要困境。多年来，我国持续推动了现代农业生产组织模式创新，有效推进了我国农业现代化发展，但目前的农业组织形式依然难以实现像制造业一样的完全分工和综合产业资源市场配套与政策供给①。比较突出的现实问题是，在农业生产风险保障政策和市场应对机制相对不成熟的条件下，一旦合作主体无法应对市场风险或出现机会主义行为，农业合作组织中的各经营主体利益均无法得到有效保障，从而陷入无效管理的僵局。共享农业组织为解决这些问题提供了一线契机，而在积极呼吁和获取政策支持、推进内部治理有效性提升的同时，如何进一步提高组织的外部环境适应性，仍是共享农业组

---

① 周立群，曹利群. 农村经济组织形态的演变与创新——山东省莱阳市农业产业化调查报告［J］. 经济研究，2001（1）：69-75，83-94.

织发展的难点问题。在农业产业现代化发展的进程中，农业生产经营各环节的价值被逐渐挖掘和释放，而各经营主体在独立经营的情况下，日益市场化的开放竞争环境为共享农业组织维持稳定经营和制定时效性更强的经营策略提出了更高要求。

不同的农业经营主体基于劳动与资源利用的高度专业化，分别负责供应链中农业生产、生产服务与市场拓销环节，并通过签订农田承包合同、粮食购销合同以及社会化服务合同等形成具有法律约束力的稳定契约关系，增强了契约密度与契约强度。但当面临动荡的市场环境与政策调整时，如何协调外部网络资源与内部协同制度的关系，还需考虑内部主体的协同预期与外部环境的主要变化特征。

一方面，综合收益落差限制了新型经营主体的发展速度和带动作用，须迎合需求创新政策支持方式。在近年来的现代农业产业支持环境下，农业补贴政策体系建设成效显著，共享农业组织的主体间通过契约合同，执行统一的农产品生产标准和标准化的生产服务管理，这对于规模化的家庭农场、专业化的农民专业合作社来说，仅通过积极配合相应经营环节的执行即能实现可观收益，因而它们参与合作经营的意愿较为积极明朗。但随着市场竞争的日益激烈，当组织内农业产业链开发运营的价值增长放缓，如何进一步维持和激发多方主体的协同合作行为，还需要制度创新的支持。例如，家庭农场对保险服务需求强烈，但目前农业领域的政策性保险无法获得，商业性保险也出于风险可控原则供给不足，有部分地区探索了互助保险，建议政府将对保险机构的支持转向对互助保险业务的支持，由合作组织出资、政府配套、第三方机构托管，以便于充分发挥共享农业组织拥有的信息优势和同农户良好的信用合作关系。

另一方面，价格波动风险冲抵了新型经营主体的创新发展成果，亟待营造新型经营主体发展的良好外部环境。农业投入多为长周期属性，家庭农场在前期投入了大量资金，这种不可抗的外部风险，会延长投资回收期，在持续亏损情况下更"弃之不甘，坚持无益"，成为相应领域共享农业组织发展面临的主要难题。对此，政府职能在弥补市场失灵，助力农业高质量发展方面具有重要作用。政府不仅可以通过制定和实施农业产业化联合体发展规划，对相关农业产业创新主体进行引导，而且也可以通过财政贴息、奖励分红、融资担保、减少企业和农民税收等方式，保障新型农业产业经营组织的资金供应。

第四节　本章小结

随着农业专业化、产业化发展进程的不断加快，新型农业经营主体单独发展已经无法适应新的市场竞争环境。以共享农业组织为载体，推动新型农业经营主体共生发展，促进农业资源共享和共生主体优势互补，从而提升新型农业经营主体的市场竞争力，促进新型农业经营主体增产增收，是我国新时期推进乡村振兴、助力农业高质量发展的重要途径。而面向共享农业组织不断建立和改革多元主体的分工协作机制、不断建立和健全多类资源要素的共享机制、不断建立和完善多种形式利益的共享机制的发展路径建设需求，国内外现代农业组织的发展实践为当前共享农业组织发展提供了一定借鉴。因此，推动纵向联合驱动的横向联合、优化共享农业组织的机制设计、完善现代农业产业服务体系是当前共享农业组织发展应关注的重要方向。

从前述归纳和总结可以发现，共享农业组织为追求市场效益的非法人组织，其组织成员具有高度异质性，这两个基本属性为共享农业组织的内部协调管理和外部环境适应带来了诸多挑战，因而如何应对"风险共担+利益共享"的合作经济组织治理困境，是其重要的管理议题。由于发展环境和基础的差异，目前我国的共享农业组织脱胎于农业产业化联合体，且目前仍处于初步探索中。一方面，小农户、家庭农场、农民合作社（含联合社）、农业企业、科研机构等多类营利、非营利组织构成了共享农业组织的主要参与主体，主体的能力、目标和管理诉求差异显著，如何有效集聚多元化主体，形成充分具备市场竞争优势的创新效能，对共享农业组织形成发展基础至关重要。另一方面，农业产业的细分领域众多，且市场化建设程度参差不齐，不同参与主体与共享农业组织间的经营目标和运营方式存在差异，如何创新管理体制以推动形成更加高效率的知识共享，对共享农业组织推动品牌建设、创新发展至关重要。

在上述基础上，本研究从促进共享农业组织内部的创新效能集聚、提高共享农业组织间的创新知识共享、改善共享农业组织的外部环境适应三个方面，归纳了共享农业组织的协同管理要点内容。针对这三个重点问题，在创业网络及组织协同的理论视角下进一步开展理论研究与实践问题反思，有助于在面向日益开放化、快速变化的农业产业化发展局面时，把握共享农业组织发展的重要趋势，同时在我国大力推进乡村振兴的战略起步阶段，为更好地发挥现代农业组织创新对农业产业化发展、农村建设及农民素质能力提升的促进作用，提供重要的研究价值。

第四章

创业网络中心性、智力资本差异对共享农业组织内部创新效能集聚的影响机制

第一节　问题的提出

创业网络对农业创业企业绩效影响的研究得到广泛关注①，但学界对其绩效形成过程缺少探讨②，且虽然农业创业领域的创业网络与创业学习成果都强调了农业创业活动中智力资本的重要性③，但在创业网络中考虑智力资本差异及其跨层次影响过程的成果仍然鲜见，因此面向企业智力资本差异进一步探究创业网络对农业创业企业绩效的影响过程具有重要研究价值。共享农业是一种借助互联网平台将分散农户与消费者、供应商聚集起来，在生产与消费者间建立收益共享、信息对接、风险共担的新型农业经营方式，它能够更有效地结合技术、文化、资金与国家战略实现农业产业的融合发展，在保障农业生产稳定性的同时挖掘

① MOURATIADOU I, BIEWALD A, PEHL M, et al. The Impact of Climate Change Mitigation on Water Demand for Energy and Food: An Integrated Analysis Based on the Shared Socioeconomic Pathways [J]. Environmental Science & Policy, 2016 (64): 48-58.

② PITTZ T G, WHITE R, ZOLLER T. Entrepreneurial Ecosystems and Social Network Centrality: The Power of Regional Dealmakers [J]. Small Business Economics, 2019 (3): 1-14.

③ SHAN P, SONG M, JU X, et al. Entrepreneurial Orientation and Performance: Is Innovation Speed a Missing Link? [J]. Journal of Business Research, 2016, 69 (2): 683-690.

创造更多产业附加值。共享农业独具特色的共享理念得到学术界和产业界的广泛关注，其企业绩效主要产生于内部创新效能的集聚过程，即创新能力与创新生产力的提高是其企业绩效的重要基础①。创新能力包括产品和服务创新性、优秀创意、组织内部信息传播利用效率、组织内部成员能力发展方向。创新生产力包括创新产品服务数量、共享农业专利创意成果数量、产品或服务的客户满意度、组织内部创新效能对行业发展的贡献等。

在动态变化的环境中，考虑到组织内部创新效能集聚将贯穿于农业创业的产业链，而现有成果未见创业网络对农业创业组织集聚内部创新效能进而产生企业绩效影响过程的研究，且尚未针对农业创业网络中广泛关注的智力资本差异探讨其可能的跨层次作用路径，因此本研究将聚焦创业网络中心性对共享农业组织内部创新效能集聚的主效应，进一步探究组织层面智力资本差异在该过程中的中介作用，并面向调节企业创新效能集聚通常关注的竞争强度因素②，讨论它对这些影响的调节作用，具有重要的理论研究意义。

第二节　文献回顾与研究假设

一、创业网络中心性对共享农业组织内部创新效能集聚的主效应

在共享农业创业组织发展的每个阶段，凝聚内部具有比较优势的创

---

① HAFEZALKOTOB A, JOHN J J. Sharing Economy in Organic Food Supply Chains：A Pathway to Sustainable Development ［J］. International Journal of Production Economics，2019（218）：322-338.

② 孙永磊，宋晶，陈劲. 企业家社会网络对商业模式创新的影响研究——竞争强度的调节作用［J］. 管理评论，2019，31（7）：286-293，304.

业网络点度中心性都成为创新效能集聚的前提和保障。其一，基于创业团队在网络中位置的相对重要性，许成磊等（2018）[①] 的研究发现创业组织在自身创业网络越靠近中心的位置，越易于开展融合创新，以网络嵌入的方式用更低的边际成本开展平台式合作。且已有研究证实了网商平台对调节农户生产需求、激发消费者参与农产品生产的作用[②]，证明其能够提高农村现有生产生活资料的利用率，实现产业链延长、价值链提升、增收链拓展的规模化效益。其二，结构洞理论也指出，处于网络核心位置的创业团队具备协同控制优势，进而形成较强的路径依赖，并拥有控制其他主体从外部环境中获取异质信息和机会的能力，这使得共享农业企业能够通过构建农民职业培训、农村劳动力供应和需求匹配的平台，更有效地解决农业劳动力时间、地域分布不均匀的问题，实现更好的产业化运营管控。其三，费里尼亚等人（Ferriani，1979）[③] 提出创业点度中心性能够为共享农业创业团队提供接触新观念、产品、市场的渠道和机会，确保了参与组织自身对网络外部环境的适应性、组织内部对外部竞争反应的灵敏程度。点度中心性的提高能够提供的内容主要包括公共基础设施分享、现代产业集群及园区建设等方面，能够推动农业产业、科技与创业的有效融合，满足返乡创业的人才需求。例如，为"城市农场主"或者"白领农夫"开展认养农业项目，能够缓解部分农产品滞销卖难。其四，创业网络点度中心性将金融与服务等各行业要素引入农业，进而形成复合型多功能产业结合体，使创业网络中的各方面实现信息交换、共享资源和解决问题等方面的合作，进而获取组织竞争优势、创造战略价值，从而保障共享农业创新创业过程中的机会与优势

① 许成磊，赵陈芳，李美. 网络协同效应视角下的众创组织研究综述与展望 [J]. 研究与发展管理，2018，30（5）：126-137.

② 姚柱，罗瑾琏，张显春，等. 互联网嵌入、双元创业学习与农民创业绩效 [J]. 科学学研究，2020，38（4）：685-695.

③ FREEMAN L C. Centrality in Social Networks：Conceptual Clarication [J]. Social Networks，1979，1（3）：215-239.

识别、组织间绩效传递机制。由此提出如下假设：

假设4-1a 创业网络点度中心性对共享农业组织内部创新效能集聚有显著正向影响

创业网络中介中心性更加侧重资源获取与影响能力对共享农业内部创新的效能集聚效应与内化。基于资源依赖理论，共享农业组织从外部环境中获取资源的能力是内部竞争力的决定性因素，网络核心地带位置提高了创业团队的资源使用率，增强了资源共享程度，奠定了农业共享经济驱动者地位，借此将提高平台内合作者的信息流通效率，开创农业产业的内部业务创新。同时，平台组织内农户间、农户供应商间、消费者间等形成的相似互惠关系也能够显著提高平台整体的内在合作信任①，进一步强化网络联系，因而较高的创业网络中介中心性将有益于降低搜索成本、提高共享农业组织内部资源获取率及使用率。通过共享农业资源，将共享农业组织建设成为集创意、农事体验等内容于一体的多功能农业，使其具备提供农产品、调节自然生态、促进社会发展、实现国民经济协调发展、传承历史文化等功能。此外，创业网络中介中心性也使得创业组织能够基于组织认同和市场占优策略与合作伙伴建立联系，开启"互联网+农业"的共享思维新时代。随着创业网络规模的扩大，共享农业组织内部信息传播利用愈加高效，组织内部成员能力也获得了长足发展、农业相关的创新业态更加丰富。最后，创业网络中介中心性能够以消费者为核心，转变以往农业生产以生产者为核心的状况，能够消除环境不利影响，及时获取正面绩效反馈与市场地位认同②，对农村闲置或农业优质资源与城市需求重新进行最优匹配，满足市场新需

---

① HAFEZALKOTOB A，JOHN J J. Sharing Economy in Organic Food Supply Chains：A Pathway to Sustainable Development [J]. International Journal of Production Economics，2019 (218)：322-338.

② 姚柱，罗瑾琏，张显春，等. 互联网嵌入、双元创业学习与农民创业绩效 [J]. 科学学研究，2020，38 (4)：685-695.

求，带动共享农业行业发展。由此提出如下假设：

假设 4-1b 创业网络中介中心性对共享农业组织内部创新效能集聚有显著正向影响

二、智力资本差异对主效应的中介作用

创业导向带来的战略姿态与创业网络位置相对优势以及不同视角下网络中心性的演化存在显著关系。共享农业创业组织在网络中与其他节点的接近程度较高时，易于形成网络嵌入，使得创业者关系投资增加，推动创业者处于支配地位并与其他组织进行高效的信息资源交换①，有助于创业者跳出既定合作关系，组建新联系，同时进一步获取异质知识与资源信息。一方面，创业网络点度中心性对网络参与主体的控制会促使共享农业企业积极参与共享思维创新，识别并整合成员特点②以选择最优合作伙伴。另一方面，创业网络点度中心性能够增强共享农业企业的执行力、沟通协调控制力、营销能力、面对快速变化环境的自主感知能力，对拓宽创业合作通道、拓展协作深度具有直接促进作用。此外，核心位置的创业主体促使共享农业组织具备大胆行动、抓住共享经济驱动机会、共担风险的意愿，有利于初具战略导向与竞争性策略的创业组织行使内在激励措施③，是搜寻创造性与标新立异的有效途径。由此提出如下假设：

假设 4-2a 创业网络点度中心性对响应企业智力资本差异有显著正

---

① YUKONGDI V, LOPA N Z. Entrepreneurial Intention: A Study of Individual, Situational and Gender Differences [J]. Journal of Small Business and Enterprise Development, 2017, 24 (2): 333-352.

② CHAN K, UY M A, Chernyshenko O S, et al. Personality and Entrepreneurial, Professional and Leadership Motivations [J]. Personality and Individual Differences, 2015 (7): 161-166.

③ 覃曼，马连福. 企业网络中心性对政治关联创新业绩影响的中介作用 [J]. 系统工程, 2016, 34 (5): 48-54.

向影响

　　共享农业创业组织借助网络中介中心性享受信息资源优势，及时获取市场信息，掌握技术发展动向，能够为创业组织提供比较优势，能够抓住市场机会提供满足客户需求的创新产品和服务，使其以更精准的创业导向投入到经营活动中，调动资源将机会利润化。一方面，相较边缘组织，核心位置的创新创业主体避免了挤出效应①，对信息和资源的控制让共享农业创业组织在面对新型市场与创新创业活动时表现出主动介入的积极状态，具有更大的冒险精神进行创新风险承担；另一方面，创业网络中介中心性使得共享农业组织善于营造包容性团队合作氛围、培养合作行为习惯；此外，核心位置的创新创业主体具备在市场上先于竞争对手采取战略行为②并发现新市场、开发新产品、引进新技术或推出新服务以造就企业的主动竞争力，对市场趋势的了解也帮助其做出准确的战略和经验决策。由此提出如下假设：

　　假设 4-2b 创业网络中介中心性对响应企业智力资本差异有显著正向影响

　　共享农业创业企业更倾向于追求创新效能集聚的探索性活动，而企业智力资本差异与共享农业创业组织的探索性活动密切相关，使得农业创业企业的智力资本差异显著影响探索性创业活动的成本收益预测导向，并对潜在合作方式、业务方式选择具有重要影响。因此，当共享农业创业组织开拓新的市场领域时，农业创业的参与者若能多维度理解并承担试验风险，形成快速识别、分析、应对的能力，便能够更为有效地

---

① ZHOU W，VREDENBURGH D J，ROGOFF E G，et al. Informational Diversity and Entrepreneurial Team Performance：Moderating Effect of Shared Leadership ［J］. International Entrepreneurship and Management Journal，2015，11（1）：39-55.

② ALKIS N，TEMIZEL T T. The Impact of Individual Differences on Influence Strategies ［J］. Personality and Individual Differences，2015（87）：147-152.

应对市场环境和竞争程度变化，抓住新产品与市场机会①，以体验、价值与连接重构为原则，拓展农业创业的合作共享模式，实现农业创业增值。

创业导向通常来自由顾客、竞争者、内部合作带来的未开发的市场机遇。一方面，主张创新合作的共享农业组织借助资源共享，构建集农事体验、创意等功能于一体的综合农业，更多地依赖多样化资源积累、整合及有效利用的能力，抓住创业机会、掌握竞争优势②；另一方面，面向多元用户的"互联网+认养"农业能够有效分散风险，使农户从生产者角色向"农工"角色转变，能够打破组织惯性，提升共享农业组织的灵活性和主动性，展现出超强的组织适应能力，充分发挥缓冲器作用，使得组织有能力主动开展风险性高的创新创业活动；此外，外向型较显著的小团队往往追求自我管理、团队领导、超前行动等创业能力，注重市场机会预测、提升响应速度，扩大组织资源的有效使用范围③，能够保障新产品及服务的引入与吸收能力，巩固组织内部创新效能对行业发展的贡献。由此提出如下假设：

假设 4-3a 智力资本差异对共享农业组织内部创新效能集聚有显著正向影响

综上，基于温忠麟等（2004）对中介作用的界定方法，依据假设 4-2a、4-2b 和 4-3a 提出如下假设：

---

① VARAMAKI E, JOENSUU S, VILJAMAA A, et al. Starting up a Firm or Not: Differences in the Antecedents of Entrepreneurial Intentions [J]. Industry and Higher Education, 2016, 30 (3): 239-249.

② SEMUEL H, SIAGIAN H, OCTAVIA S, et al. The Effect of Leadership and Innovation on Differentiation Strategy and Company Performance [J]. Procedia-Social and Behavioral Sciences, 2017 (237): 1152-1159.

③ BERTI G, MULLIGAN C. Competitiveness of Small Farms and Innovative Food Supply Chains: The Role of Food Hubs in Creating Sustainable Regional and Local Food Systems [J]. Sustainability, 2016, 8 (7): 616-647.

假设 4-4a 智力资本差异在网络点度中心性与共享农业组织内部创新效能集聚的关系中起中介作用

假设 4-4b 智力资本差异在网络中介中心性与共享农业组织内部创新效能集聚的关系中起中介作用

三、竞争强度对中介作用的调节影响

组织存在的竞争环境反映了行业结构的稳定性与新市场机会被挖掘的潜在空间。从资源依赖观出发，共享农业创业组织在低竞争强度下对创业网络的依赖程度减弱，缺少通过创新行为来保障资源和信息的多元化发展需求，甚至依赖于网络嵌入带来的路径锁定①实施更加谨慎和保守的投资策略；而高水平的竞争强度使得市场的走势、技术的发展方向、环境中的竞争驱动因素、共享农业组织未来的经营发展前景难以预估，创新创业行为的不确定性与效果的风险性随之提升，创业组织不能习惯于借助既往经验与关系积累来获取互补资源信息并企图掌握特定市场趋势。在这种情况下，共享农业创业组织将依赖"适应战略"构建创业网络并从中获益②，即运用灵活获取资源的能力来快速适应创业网络环境。高水平的竞争强度下，网络中心性高的共享农业组织将放弃依赖已有创业网络，而是通过自身承担风险的创新创业超前行为来寻求自我管理与技术创新，在面对激烈竞争环境时争取更多资源进行组织内部消化吸收、对现有战略做出调整，进而整合多层次农业创业主体的资源优势，及时地获取市场信息、掌握技术发展动向，集聚组织内部创新效能。其中，中介中心性高的组织易于拓展既定合作关系，主动介入新型市场与创新创业活动，借助支配地位获取异质知识与信息，以发掘新市

---

① DERELI D D. Innovation Management in Global Competition and Competitive Advantage [J]. Procedia-Social and Behavioral Sciences, 2015 (195): 1365-1370.

② BOGERS M, CHESBROUGH H, MOEDAS C, et al. Open Innovation: Research, Practices and Policies [J]. California Management Review, 2018, 60 (2): 5-16.

场、开发新产品、引进新技术、推出新服务等的方式获取主动竞争力；而点度中心性高的组织更擅长借用组织外部影响转换为内部竞争优势[1]，进一步促使共享农业创业组织积极参与合作伙伴选择，增强组织执行力、沟通协调控制力、市场营销能力、面对快速变化环境的自主感知能力，促进创业合作通道的拓宽及协作深度的拓展。可以看出，随着竞争强度的提高，网络中心性与强调创新合作意愿、创业能力与风险偏好的智力资本差异的正向关系将更加显著。由此提出如下假设：

假设 4-5a 竞争强度在创业网络中心性响应智力资本差异的正向影响中具有调节作用

结合已有研究，激烈的竞争环境促使创业组织增加创新战略与创新活动的参与执行需要：Palazzo[2] 提出创业特质性差异与新产品开发的相关性随着竞争强度的激烈递增；李炎炎[3]的研究发现竞争强度正向调节创业环境对竞争方创业导向与企业适应力间的关系；吴航[4]认为企业决策的结果随着竞争加剧而更加难以预测，企业需要借助超前行动进行风险承担活动以开发产品创新流程。高水平竞争强度下，共享农业组织善于从广泛的创业网络关系中获取针对性强与专业程度高的资源信息，进而做出有利于实现组织发展突破的创新决策，完善农业生产的核心技术标准化作业流程，挖掘农业自身生产领域的共享资源，借助自身创新能力的提高以缓解行业竞争压力。为了在消费者与生产者间构建风险共

---

① 高山行，肖振鑫，高宇. 企业制度资本对新产品开发的影响研究——市场化程度与竞争强度的调节作用 [J]. 管理评论，2018，30（9）：110-120.

② PALAZZO A, VERVOORT J M, MASONDCROZ D, et al. Linking Regional Stakeholder Scenarios and Shared Socioeconomic Pathways：Quantified West African Food and Climate Futures in a Global Context [J]. Global Environmental Change-human and Policy Dimensions，2017（45）：227-242.

③ 李炎炎，高山行，高宇. 战略导向对技术创新影响的异质性讨论——竞争程度的调节作用 [J]. 科学学研究，2016，34（8）：1255-1262.

④ 吴航，陈劲. 企业实施国际化双元战略的创新效应——以竞争强度为调节 [J]. 科学学研究，2018，36（2）：334-341.

担、收益共享的生产生活方式，实现土地对餐桌与农村对城市的直接对接，共享农业组织将集聚分散的消费需求、零碎信息并形成产品、服务创新途径。该过程反映为一系列前瞻性冒险创新或探索性的创新效能集聚活动，能够推动共享农业组织形成一种超前行动、主动创新合作、承担风险的认知框架，共享并利用组织内部信息资源，进一步创新产品和服务、丰富专利与成果、激发组织内部的优秀创意，促使组织成员能力获得长足发展。因而，共享农业创业组织将随着市场竞争激烈程度的提高，开展更具探索性创新效能集聚活动以构建自身竞争优势，维护自身智力资本差异性与不可替代性。由此提出如下假设：

假设 4-5b 竞争强度在智力资本差异对共享农业组织内部创新效能集聚的正向影响中具有调节作用

综上，本研究认为竞争强度将对创业网络中心性与智力资本差异的关系产生调节效应；进一步地，在竞争强度提高的作用下，智力资本差异也将影响共享农业组织内部创新效能集聚。由此提出如下假设：

假设 4-5c 智力资本差异具有中介作用，体现在竞争强度对创业网络中心性与共享农业组织内部创新效能集聚的调节效应，即竞争强度对创业网络中心性与共享农业组织内创新效能集聚的调节作用通过智力资本差异进行传导。

综上，第四章研究的理论框架见图 4-1（部分概述性假设未在图中标注）：

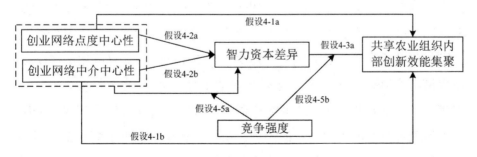

图 4-1　第四章的理论框架

第三节　研究设计

一、问卷设计

由于云南具有良好的生态环境及丰富的物种资源，具备开展现代农业开发以及农业创业的先天优势，且笔者多年来在云南从事共享农业项目开发运行，因此从调查代表性和便利性的角度考虑，本研究选取云南省的农业创业企业开展问卷调查。同时，为了尽量提高数据的可靠性，本研究采用多源数据收集与随机调整题项顺序的方式来克服同源误差的影响。首先，为了避免单一被测对象完整填写问卷时对可能测量意图的猜测，本研究在大样本测试中选择具有合作交集的共享农业创业团队中的不同成员来分别填写自变量、因变量的问卷，在填写均值差异小于2的前提下，将二者配对后的问卷作为最终数据。同时，为了进一步降低问卷调查的称许性影响、保障问卷调查的匿名性，本研究在调查过程中还通过随机调整问卷题项的顺序、使用通俗语言解释题项等方式来进一步削弱同源误差的影响，以便保证数据的可靠性和客观性。

问卷设计与发放回收的方式具体为：首先，通过文献阅读与对部分云南省共享农业创业团队的个人调研访谈，确定研究所涉及变量的主要概念和维度；其次，参考已有成熟量表形成本问卷的测项，选择性地加入了与研究目标相关的关键词；再次，在2019年7—8月间组织了2次小规模访谈检验测项内容的合理性和适应性（第一次访谈邀请来自云南省5家共享农业创业企业的5位创始人或主要合伙人填写问卷，调整了不易理解及可能出现歧义的测项；第二次访谈采取小规模专家访谈的形式调查了云南省不同州市农业农村局的相关主管业务人员，讨论经过修正后的问卷能否能够达到研究目的，对问卷测项的措辞做了调整）；最后，在 2019 年 9—10 月间，对云南省农业龙头企业（国家级、省级、区级）、云南省众创空间、云南省创新创业大赛中与共享农业主题相关参赛企业的样本团队进行了问卷预测。根据对 112 份有效问卷中各个变量的测项进行项目分析和探索性因素分析，删除了信度和效度没有达到要求的题项，最终形成了本研究的调查问卷。问卷中的测项统一用 Likert 5 级量表测量，其中"1~5"表示从"完全不符合"到"完全符合"。

二、样本与数据采集

从 2020 年 8 月到 2020 年 10 月，数据收集历时 3 个月。样本抽样方式为分层随机抽样，从云南省农业龙头企业（国家级、省级、区级）、云南省众创空间、云南省创新创业大赛中与共享农业主题相关的参赛企业中分别抽取了 76、82、96 个共享农业创业团队。本研究共调查了云南省各个市区的 254 个共享农业创业团队，向每个创业团队发放大于 2 份问卷，由创业团队的不同调研对象来填写，在经过邮件与电话两轮提醒后最终收回 218 个创业团队的问卷。其中有 4 个创业团队成立不到 3 个月，还未正式开展工作；有 8 个创业团队回收的问卷小于 2 份或不满足问卷配对调查要求，为保证研究可靠性，删除这 12 个团队的问卷，因此最后收集了 206 个创业团队的有效问卷，并计算平均值作为该创业团队可供分析的最终数据。创业团队样本的基本情况见表 4-1。

表 4-1 第四章研究的样本基本情况描述（N=206）

项目	分类	样本/个	占比/%	项目	分类	样本/个	占比/%
创始人学历	高中及以下	42	20.4	企业年龄	1～3年	51	24.8
	专科	73	35.4		4～5年	71	34.5
	本科	44	21.4		>5年	48	23.3
	研究生及以上	47	22.8	所属行业	IT/互联网/通信行业	46	22.3
企业规模	≤20人	19	9.2		传媒/印刷/艺术/设计行业	45	21.8
	21—50人	68	33.0		服务业	57	27.7
	51—100人	52	25.2		采购/贸易/交通/物流行业	34	16.6
	101—150人	52	25.2		生产/制造业	13	6.3
	>150人	15	7.2		生物/医药业	11	5.3
企业年龄	≤1年	36	17.5				

三、研究工具

（一）创业网络中心性

本研究将创业网络中心性分为点度中心性和中介中心性两个维度，其中前者强调网络位置与控制能力，后者强调资源获取与影响能力。据此，在林顿·费里曼（Freeman，1979）提出的创业网络中心性量表基础上，结合共享农业创业实践总结出点度中心性、中介中心性的 8 个题项。其中，强调网络位置与控制能力的点度中心性包括 4 个题项，分别为：DC1 企业在创业网络中具有相对核心的位置与重要性；DC2 企业在创业网络中具备协同控制优势；DC3 企业的网络控制能力在提高，且改善了组织对网络外部环境的适应性、组织内部对外部竞争反应的敏捷程度；DC4 企业在向网络核心位置靠近，且保障了创业过程中的机会识别、优势搜寻与组织间绩效传递机制。强调资源获取与影响能力的中介中心性包括 4 个题项，分别为：BC1 企业处于网络核心地带，且提高了自身资源使用率，增强了资源共享程度；BC2 企业处于网络核心地带，且信息搜索成本显著降低，增强了自身传递信息的能力；BC3 企业能够基于组织认同和市场占优策略同网络中的核心企业建立密切联系；BC4 企业所拥有的关键资源会使合作者及时获取正面绩效反馈与市场地位认同。

（二）智力资本差异

参考米利尔（Milier，1983）、可汗等人（Khan，2019）对创业特质、智力资本的研究成果，本研究从创新合作意愿、创业能力以及风险偏好三个方面对组织层面表现出的智力资本差异进行测量。其中，创新合作意愿维度的智力资本差异包括 2 个题项，分别为：IO1 创始人或管理者在识别团队成员、选择合作伙伴方面的意向差异显著；IO2 企业在培养良好合作规则与营造合作氛围方面没有统一的看法。创业能力维度的智力资本差异包括 2 个题项，分别为：PO1 创始人或管理者在发现新市场、引进新技术和开发新产品（服务）方面的主动竞争能力差距明显；PO2 创始人或管理者在执行力、沟通协调控制力与市场营销能力等方面差距明显。风险偏好维度的智力资本差异包括 2 个题项，分别为：RO1 创始人或管理者对待抢抓机遇、共担风险的态度不一致；RO2 创始人或管理者对介入新兴市场与创业活动的积极性存在差别。

（三）共享农业组织内部创新效能集聚

基于经济合作与发展组织（OECD，2005）的研究，在结合共享农业创业实践的基础上，本研究将共享农业组织内部创新绩效划分为创新能力和创新生产力两个维度。其中，创新能力包括 4 个题项：PA1 企业的产品和服务具有创新性；PA2 组织内部产生了许多优秀的创意或新点子；PA3 组织内部信息的传播利用高效；PA4 组织内部成员的能力获得了长足发展。创新生产力包括 4 个题项：PP1 企业的创新产品服务数量较多；PP2 组织对"互联网+农业"的业态创新有积极贡献；PP3 企业的专利创意成果数量丰富；PP4 企业提供的产品或服务，客户满意度较高。

（四）竞争强度

借鉴贾凯蒂等人（Giachetti，2014）的量表，选取以下 3 个题项测量共享农业企业间的竞争强度，分别为：IC1 行业内经常有强大的竞争者闯入；IC2 企业对行业的市场竞争情况比较难以预测；IC3 企业同竞争对手之间的竞争越来越激烈。且参考贾凯蒂等（2014）的方法，将低于变量均值的情况视为低水平竞争强度，将高于变量均值的情况视为高水平竞争强度。

（五）控制变量

参考马里亚诺等人（Mariano，2005）和唐等人（Tang，2002）的研究设计，选取所属行业、企业规模、企业年龄、创始人学历作为本研究的控制变量。

四、样本检验

(一) 信度效度检验

参考先前研究的标准，本研究以 0.7 作为 Cronbach's α 信度系数的临界值，使用 SPSS 22.0 和 Amos 21.0 软件进行信度检验，结果见表4-2。

表4-2　第四章研究的量表信度和效度检验

变量	测项	Cronbach's α 系数	因素载荷值	CR	AVE
创业网络点度中心性	DC1	0.914	0.763	0.872	0.623
	DC2		0.867		
	DC3		0.767		
	DC4		0.773		
创业网络中介中心性	BC1	0.890	0.828	0.872	0.630
	BC2		0.833		
	BC3		0.763		
	BC4		0.746		
智力资本差异	IO1	0.950	0.798	0.924	0.668
	IO2		0.811		
	RO1		0.819		
	RO2		0.818		
	PO1		0.837		
	PO2		0.822		

变量	测项	Cronbach's α 系数	因素载荷值	CR	AVE
共享农业组织内部创新效能集聚	PA1	0.904	0.909	0.905	0.706
	PA2		0.877		
	PA3		0.831		
	PA4		0.735		
	PP1		0.818		
	PP2		0.832		
	PP3		0.723		
	PP4		0.715		
竞争强度	IC1	0.825	0.737	0.806	0.581
	IC2		0.784		
	IC3		0.764		

检验结果表明，变量各维度的 Cronbach's α 系数均大于 0.7，具有良好的信度。因素负荷量最小为 0.735，最大为 0.909，且均在 p<0.01 的水平上显著，符合因素负荷量值介于 0.5~0.95 之间的要求。变量各维度的组合信度（CR）均大于 0.8，达到组合信度大于 0.8 的要求，平均变异量抽取值（AVE）均大于 0.5，达到平均变异量抽取值大于 0.5 的要求，变量具有良好的聚合效度。

此外，在验证性因子分析方面，本研究运用 Amos 21.0 软件对强调网络位置与控制能力的点度中心性、强调资源获取与影响能力的中介中心性、智力资本差异、竞争强度 4 个变量进行验证性因子分析，选取了相对卡方（χ^2/df）、RMSEA、CFI 和 IFI 指标作为反映模型拟合情况的指标，其中，$\chi^2/df = 2.87$，CFI = 0.905，IFI = 0.910，RMSEA = 0.078，说明变量之间具有较好的区分效度。所以，本研究具有较好的信度和效度。

（二）共同方法偏差检验

本研究由于所收集的样本数据均来自农业创业企业及团队对本组织创业情况的自我报告，因此可能存在共同方法偏差的风险。本研究对共同方法偏差问题进行了 Harman 单因素检验，采用主成分分析法对所有变量做了探索性因素分析，结果表明在未转轴时第一个因子解释了 39.2% 的变异，所以不存在一个单一因子能解释大部分变异的情况，同源偏差并不显著。

第四节　假设检验与结果

一、相关性分析

表4-3汇报了回归模型各个变量的均值、标准差和 Pearson 相关系数。可以看到，模型各自变量之间的 Pearson 相关系数较小，说明本研究回归模型中存在严重多重共线性问题的可能性不大，且各变量之间具有显著相关性。

二、回归分析

本研究采用逐步添加控制变量、自变量、中介变量及交互项的层级回归分析，模型中的参数估计采用最大似然估计。为了规避多重共线性问题，分别对自变量、因变量、中介变量与调节变量做了中心化处理，然后再代入回归方程之中。共建立了 9 个模型，用 SPSS 22.0 对所有假设进行了检验，分析结果如表4-4所示。

表4-3 第四章研究的描述性统计分析及变量间相关关系

变量	1	2	3	4	5	6	7	8	9
1. 创业网络点度中心性	1								
2. 创业网络中介中心性	0.391**	1							
3. 智力资本差异	0.354**	0.394**	1						
4. 竞争强度	0.317**	0.384**	0.369**	1					
5. 组织内部创新效能集聚	0.312**	0.264**	0.311**	0.326**	1				
6. 所属行业	0.160*	0.195**	0.179*	0.066	0.103	1			
7. 企业规模	0.045	0.033	0.165*	0.160*	0.121	-0.042	1		
8. 企业年龄	0.106	0.101	0.061	0.077	0.041	-0.003	-0.088	1	
9. 创始人学历	0.085	0.116	0.026	0.033	-0.044	0.002	-0.080	0.385**	1
平均值	3.573	3.410	3.619	3.899	3.846	2.79	2.33	2.64	2.47
标准差	0.693	0.728	0.779	0.647	0.489	1.405	1.228	1.026	1.058

注: * 表示 $p < 0.05$, ** 表示 $p < 0.01$。

表 4-4 第四章研究的假设检验结果

变量	模型 1	模型 2	模型 3	模型 4	模型 5	模型 6	模型 7	模型 8	模型 9
	组织内部创新效能集聚					智力资本差异			组织内部创新效能集聚
常数	3.597***	2.956***	3.119***	2.732***	2.800***	1.103***	1.444***	2.697*	3.030**
所属行业	0.067*	0.048*	0.020	0.041	0.009	0.066*	0.059*	0.039	0.018
企业规模	0.062*	0.059*	0.045*	0.053*	0.024	0.092*	0.097*	0.054*	0.007
企业年龄	0.058	0.045	0.051	0.039	0.041	0.028	0.046	0.006	0.032
创始人学历	-0.051	-0.055	-0.061	-0.051	-0.052	-0.023	-0.042	-0.025	-0.045
创业网络点度中心性		0.210***		0.154*		0.596***			
创业网络中介中心性			0.170***		0.123*		0.526***		
智力资本差异								1.328***	1.058***
创业网络中心性				0.203***	0.221***				
竞争强度								1.151***	1.212***
创业网络中心性×竞争强度								0.217*	
智力资本差异×竞争强度									0.201*
R2	0.054	0.121	0.097	0.191	0.184	0.337	0.296	0.494	0.309
调整 R2	0.033	0.100	0.074	0.166	0.160	0.320	0.278	0.476	0.285
F 值	2.863*	19.392***	4.299**	17.031***	21.315***	20.332***	16.810***	27.598***	12.676***

注：* 表示 $p < 0.05$，** 表示 $p < 0.01$，*** 表示 $p < 0.001$。

（一）主效应检验

由表 4-4 可知，在模型 2 中可以看出创业网络点度中心性显著正向影响组织内部创新效能集聚（$\beta = 0.210$，$p<0.001$），假设 4-1a 得到验证；在模型 3 中可以看出创业网络中介中心性显著正向影响组织内部创新效能集聚（$\beta = 0.170$，$p<0.001$），假设 4-1b 得到验证。

（二）中介效应检验

由表 4-4 可知，模型 4 和模型 6 检验智力资本差异在创业网络点度中心性和组织内部创新效能集聚之间的中介作用。结果显示，创业网络点度中心性能显著正向响应智力资本差异的影响（$a = 0.596$，$p < 0.001$），创业网络点度中心性和智力资本差异同时代入回归方程，创业网络点度中心性对组织内部创新效能集聚的正向影响显著（$c' = 0.154$，$p<0.05$），智力资本差异能显著正向影响组织内部创新效能集聚（$b = 0.203$，$p<0.001$）；模型 5 和模型 7 检验智力资本差异在创业网络中介中心性和组织内部创新效能集聚之间的中介作用，结果显示创业网络中介中心性能显著正向响应智力资本差异的影响（$a = 0.526$，$p < 0.001$），创业网络中介中心性和智力资本差异同时代入回归方程，创业网络中介中心性对组织内部创新效能集聚的正向影响显著（$c' = 0.123$，$p<0.05$），智力资本差异能显著正向影响组织内部创新效能集聚（$b = 0.221$，$p<0.001$）。该结果说明，智力资本差异在创业网络点度中心性和创业网络中介中心性促进组织内部创新效能集聚的过程中均起中介作用，假设 4-4a 和 4-4b 得到验证。

（三）调节效应检验

由表 4-4 可知，在模型 8 中创业网络中心性和竞争强度的交互作用正向影响智力资本差异（$\beta = 0.217$，$p<0.05$），说明竞争强度在创业网络中心性促进智力资本差异的过程中具有调节作用，假设 4-5a 得到验证；在模型 9 中，智力资本差异和竞争强度的交互作用正向影响组织内

部创新效能集聚（β = 0.201，p<0.05），说明竞争强度在智力资本差异促进共享农业组织内部创新效能集聚的过程中具有调节作用，假设 4−5b 得到验证。

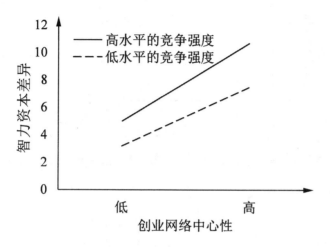

图 4−2　竞争强度对创业网络中心性与智力资本差异的调节作用

　　从图 4−2 可以看到，与低水平的竞争强度相比，当处于高水平的竞争强度时，创业网络中心性对智力资本差异的正向影响更显著，即竞争强度对创业网络中心性促进智力资本差异的过程具有正向调节作用，假设 4−5a 得到进一步验证。从图 4−3 可以看到，与低水平的竞争强度相比，当处于高水平的竞争强度时，智力资本差异对组织内部创新效能集聚的正向影响更显著，即竞争强度对智力资本差异促进组织内部创新效能集聚的过程具有正向调节作用，假设 4−5b 得到进一步验证。

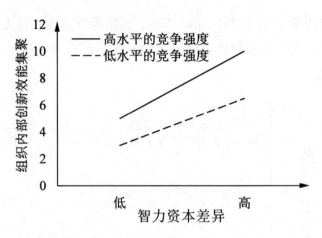

图 4-3 竞争强度对智力资本差异与组织内部创新效能集聚的调节作用

第五节 本章小结

　　本章面向 206 个共享农业组织样本进行了实证分析，探讨了创业网络中心性、智力资本差异以及共享农业组织内部创新效能集聚之间的影响关系，分析了智力资本差异的中介作用和竞争强度的调节作用。研究发现：创业网络点度中心性和创业网络中介中心性均正向影响共享农业组织内部创新效能集聚。在此基础上，智力资本差异在创业网络点度中心性和创业网络中介中心性对共享农业组织内部创新效能集聚影响过程中起中介作用。之后，将竞争强度作为调节变量引入该中介效应当中，检验的结果证明竞争强度在创业网络中心性对智力资本差异和智力资本差异对共享农业组织内部创新效能集聚两个过程中均有显著的调节作用。

　　本章通过实证分析，进一步验证了现有理论，同时对既有理论有所补充和拓展。通过实证分析表明，在共享农业组织中，创业网络中心性对共享农业组织内部创新效能集聚存在正向影响关系，创业网络点度中心性和中介中心性均能够通过智力资本差异影响组织内部创新效能集聚。该结论与李颖等①对网络嵌入改善农业创业绩效的研究结论相一致，表明网络中心性对企业创新过程具有显著正向影响。在此基础上，本研究从"共享"角度出发，关注农业创业过程中的企业创新效能涌现机理，一定程度上打开了创业网络中心性影响共享农业组织内部创新效能集聚的"黑箱"，拓展了前述理论观点，进一步发现：智力资本差异在创业网络中心性促进共享农业组织内部创新效能集聚的过程中具有中介作用，且在竞争强度的调节下，创业网络点度中心性和中介中心性均能够通过智力资本差异而影响共享农业组织内部创新效能集聚，由此明晰了创业网络中心性促进共享农业组织内部效能聚集的内在机理与边界条件。

---

① 李颖，赵文红，周密. 政府支持、创业导向对创业企业创新绩效的影响研究［J］. 管理学报，2018，15（6）：847-855.

第五章

创业网络规模、创业模式融合方式对共享农业组织间创新知识共享的影响机制

第一节 问题的提出

农业创业活动不仅面向农产品生产工作，还包含了与之对应的市场开拓、产品加工以及品牌建设等一系列内容。特别是在"互联网+"环境下，农业创业团队的合作关系更加复杂，创业学习过程更加动态。这一背景下，共享农业形式的创业企业应运而生——共享农业组织，是指借助互联网平台将分散农户与消费者、供应商聚集起来，在生产与消费者间建立收益共享、信息对接、风险共担的新型农业经营方式。这种经营形式要求创业者不仅具备专业的理论知识以及较强的实践技能，而且对于市场发展以及人际交往等方面也有较高的要求，农业创业组织仅依靠自身力量显然已经难以满足发展需要，使得跨组织知识共享就成为共享农业组织发展的必然选择。然而，迄今成果更多探讨了农业经营、技术创新等方面的网络效应，较少成果直接探索了创业网络中知识信息取代物质资源并对农业创业结果产生积极影响[1]，虽然面向众多个案形成

---

[1] ARAFAT M Y, SALEEM I, DWIVEDI A K, et al. Determinants of Agricultural Entrepreneurship: A GEM Data Based Study [J]. International Entrepreneurship and Management Journal, 2020 (16): 345-370.

了"互联网+农业"的成功创业经验研究,但对创业网络中跨团队或组织知识共享的交互过程机理缺乏关注。哪些因素和过程如何促进农业创业组织在网络中获取新知识及关键信息资源,是亟待研究的理论问题,具有重要研究价值。

提高网络规模是农业创业企业获取组织间资源、推动知识整合的重要途径,能够弥补新企业缺少信用记录且解决信息不对称的问题[1],提升网络成员间的模仿与知识资源配置能力[2],目前已有众多学者关注。Arafat 等也认为,共享农业的创业网络独具灵活性、包容性和联通性,其网络规模对共享农业组织间创新知识共享可能产生显著的促进作用,因此本研究将聚焦创业网络规模对共享农业组织间创新知识共享的作用关系,考察该过程的主效应。同时,许成磊等[3]发现,在创业网络规模提升的过程中,多层次合作主体将首先形成差异化的合作,主要通过协作式创业模式及合伙式创业模式的融合获取外部创新资源,可能会影响组织间的知识共享内容与途径,但现有研究仍未见公开报道,因此本研究将分析创业模式融合方式对前述主效应的中介作用。此外,由于领导风格对组织学习和知识共享具有"源发性"的重要推动力,符合创业情境管理需求的创业管理人领导风格对促进农业创业组织间知识共享具有重要作用,因此本研究将面向交易型领导与变革型领导两大维度探讨领导风格对前述主效应、中介作用的潜在影响。

基于上述思考,本研究形成如下理论研究框架:首先,以关注共享农业组织间的创新知识共享为研究对象,聚焦创业网络规模对共享农业

① 毛蕴诗,刘富先.双重网络嵌入、组织学习与企业升级 [J].东南大学学报(哲学社会科学版),2019,21 (1):54-65,144.
② 许成磊,赵雅曼,赵娅.面向社会网络的团队间创业协同关系结构与效应研究 [J].科技进步与对策,2018,35 (17):20-28.
③ 许成磊,赵陈芳,张超.交互导向创业型领导与团队簇创新绩效涌现——以团队间隶属层次为中介 [J].科研管理,2020,41 (11):216-227.

组织间创新知识共享过程的促进作用；其次，研究合伙、协作两种方式的创业模式融合对低、高创业网络规模促进共享农业组织间创新知识共享的分层中介作用；最后，探讨变革型、交易型领导风格分别对合伙、协作两种方式创业模式融合促进共享农业组织间创新知识共享的分层调节作用。该研究逻辑，力图扩展以往创业网络对农业企业间知识共享的研究成果，补充和完善其过程影响机理及边界条件的基础理论，对丰富农业创新创业的实践认知和应用方向也具有一定的指导价值。

第二节　研究假设

一、创业网络规模对共享农业组织间创新知识共享影响的主效应

创业网络规模对农业创业企业克服信息不完备、不对称问题，实现创业机会的有效甄别具有重要意义。特别是在创业初期，农业创业企业的经营业务单一、渠道有限，借助亲缘地缘等情感性的规模小、关系强的创业网络[①]，能够从精神和物质上有效推动共享农业组织间的知识共享，是农业创业企业获取创业资源的重要保障。一方面，通常较为单薄的创业团队构成（农村本乡人创业或农业生产、销售型业务）难以获得正式金融机构和普惠性创业政策的支持[②]，而在企业涉足"未知"经营领域时基于农村社会强社会关系所提供的个体、群际信任与依赖，能够为共享农业创业活动提供连接"外部"环境的信息桥梁作用，帮助

---

① 张秀娥，祁伟宏，李泽卉. 创业者经验对创业机会识别的影响机制研究 [J]. 科学学研究，2017，35（3）：419-427.

② 陈寒松，贾竣云，王成铖，等. 创业失败何以东山再起？——观察学习视角的农业创业多案例研究 [J]. 管理评论，2020，32（5）：307-322.

创业者以相对较低的信息搜寻成本与交易成本获取更多更广的农业生产经营信息，保障创业活动的基本经营绩效。另一方面，亲朋好友所构成的低规模高强度创业网络不仅能够为农业创业活动提供决策信息咨询支持，也能够提供人力资本与资金支持，而且相对于纯粹商业合作活动更容易借助情感信任和认知信任实现频繁、持续性和高包容性的知识互动，有效降低沟通过程中可能因个体差异带来沟通包容性差的问题，从而提高农业企业间的知识共享意愿、改善知识共享的深度和系统性。

基于上述分析，在此提出以下假设：

假设 5-1a 低创业网络规模正向影响共享农业组织间创新知识共享

共享农业企业的发展需要持续深入实现组织间知识共享，而低规模高强度网络难以满足日益丰富的农业创业活动推进需要。一方面，低规模创业网络往往依托高强度社会关系在知识结构、经验背景等方面形成较强的相似性基础，此时该网络为农业创业活动提供的信息是有限且存在较高重叠的，知识共享的延展性和外延性相对较弱。另一方面，考虑到地缘亲缘所形成的内围关系网络难以满足信息搜寻范围扩大化的迫切需求，农业创业企业通常需要持续扩大人际交往规模①，借助更多的分散化"外部"协作关系，实现农业创业信息资源的专业化、规范化获取，从而为创业知识获取提供更多的交互通道，并形成相对于"私人小团体"而言更加良性的信息交互氛围。此外，组织间广泛分散的交流与协作被证实是有利于知识互动的，不管是从个体层面还是组织层面都对共享农业组织间创新知识共享起到了较强的推动作用。个体层面，网络规模与创业企业的成长联系较为密切，网络规模的增加即反映为创

---

① 陈寒松，贾竣云，王成铖，等. 创业失败何以东山再起？——观察学习视角的农业创业多案例研究 [J]. 管理评论，2020，32（5）：307-322.

业团队规模的增长以及合作范围的扩大①，此时无论是从企业内部还是外部来看，个体的知识交流与共享都会获得更好地增长性（合作预期更为积极）驱动因素②；组织层面，拥有较大合作规模的创业企业能够显著降低交易成本、提高资源获取能力，此时有着更多合作伙伴的企业意味着其有较多的选择、较少的机会主义行为、更低的知识转化成本③，借此不仅能提高农业创业企业的外部知识资源丰富性，而且也能推动企业形成更系统的知识获取组织机制并提高整合能力，实现从专业技术型知识学习到综合管理型知识学习的转变，帮助农业企业优化知识学习策略导向，从根本上提升企业创业能力。

基于上述分析，在此提出以下假设：

假设 5-1b 高创业网络规模正向影响共享农业组织间创新知识共享

二、创业模式融合方式的中介作用

（一）创业网络规模对响应创业模式融合方式具有促进作用

一方面，低创业网络规模有助于形成以强关系网络嵌入为基础的合伙式创业模式融合。相比于城市地区，农村地区的经济发展水平较低、信息相对闭塞、融资渠道窄、基础设施条件较差，同时在城市的农业运营企业也要跟"农事"打交道，其面临相关人力资源短缺、复合型知识匮乏等问题，这些因素导致农业创业活动的开展举步维艰④。这种情

---

① 周荣，喻登科，刘显球. 全要素网络下技农贸一体化与"互联网+农业"可持续发展 [J]. 科技进步与对策，2018，35（10）：72-80.

② LYNCH S E，MORS M l. Strategy Implementation and Organizational Change：How Formal Reorganization Affects Professional Networks [J]. Long Range Planning，2018，52（2）：255-270.

③ 郝喜玲，张玉利，刘依冉. 创业失败学习对新企业绩效的作用机制研究 [J]. 科研管理，2017，38（10）：94-101.

④ 陈寒松，贾竣云，王成铖，等. 创业失败何以东山再起？——观察学习视角的农业创业多案例研究 [J]. 管理评论，2020，32（5）：307-322.

境下，农业创业活动需要依托本乡创业人员嵌入在以血缘、地缘为依托的社会网络中，以沟通潜在创业合作意向为切入点，获取足够的商业经验、经营窍门和关键人际活动信息①，从无师自通的"低效无序学习"状态进入以经验启示为主的"精准学习"创业知识获取状态。例如，以返乡创业的在外务工人员、当地大学生为代表的创业群体，在将对市场各行业发展方向的深入理解、第一手的行业信息等市场意识引入共享农业创业的过程中，能够为农业创业活动搭建更具示范引领作用的组织机制，形成以集体经营、合作社等形式为基础的农业创业模式。

　　另一方面，共享农业组织与外部组织间形成的专业化分工协作、异质性资源整合能力，决定着组织间互补性及在生产中承担角色的差异性，这导致随着创业企业的逐步发展，低规模网络已无法满足创业复杂性提高的现实需要，亟待从间接服务支持方面提高网络规模。现实问题是，当前农业市场呈现出特殊的供需结构不平衡问题，正处在从数量的提升到质量、品质和消费过程的转变中，农业创业企业要以改变这种供需不平衡关系为出发点，调整合作方式并优化农业产业结构。服务于农业创业企业规范化管理及成长的需要，高网络规模也能促进创业企业供应链上下游形成深度业务合作关系，不仅要以相互约束的方式改善专业管理团队的建设水平、提高农业合作网络成员的管理规范化水平，农业创业企业还需要与具备一定商业信誉和经营资源的企业建立深层次业务往来。在该过程中，大量企业将基于业务链、价值链不同环节的利益互惠，进一步扩充农业创业的网络规模并拓展自身的协作伙伴关系与外部支持网络，使企业摆脱农业生产与经营活动本身固有的市场不足与缺陷（也包括小农经济的经营思维）。

---

① 吴石磊，王学真. 现代农业创业投资引导基金及其梭形投融资机制构建［J］. 宏观经济研究，2017（11）：163-170.

（二）创业模式融合方式对共享农业组织间创新知识共享具有促进作用

合伙式创业模式融合能够促进共享农业组织间的直接专业知识共享，协作式创业模式融合能够促进共享农业组织间的间接专业知识共享。一方面，由于地理交通不便及信息不畅的影响，农村能力突出者和农村青年等本乡创业人员难以利用"外部"网络获取创业信息及商业机会，而他们依托低规模创业网络的高情感支持与低异质性沟通，可以从亲戚朋友处获得高可信度、具有直接相关参考价值的创业信息，这有助于整合农业创业组织外部的创业观念知识，使处于不同知识位势、具有不同知识势能的个人和企业进行知识共享，不仅能帮助创业者回避农业创业初期的潜在风险，也更容易基于此建立情感信任和认知信任，从而不断调整优化创业设想并积累合作共识①。另一方面，传统农业生产过程中的科技从业人员较少，特别是服务于农业市场化经营的综合型人才奇缺，限制了农业产业的结构调整优化。面向这一知识共享导向，以建立正式网络关系推动创业活动正规发展为目标，在基本农业生产业务稳定的前提下，从事大量业务协作的外部企业间也能够形成主要生产服务内容、业务往来过程等的关键经营信息互联共享，借助类似"区块链"的农业生产过程信息协同匹配，改变以往农产品经营创新有限、缺少抵押、难以贷款的局面，更好地以集体形式从银行、合作社、当地政府机构获得间接的创业支持。在现有知识经验的基础上，共享农业企业需要补全现代农业、最新政策解读与大数据、物联网等相关的专业知识、技术和管理经验，以更加科学有效的方式提升农业创业企业的专业度、特色知识水平，实现"互联网+农业"模式在种子培育、生长维

---

① RICHARD S A, ADRIAN V B. Tourism, Farming and Diversification: An Attitudinal Study [J]. Tourism Management, 2006, 27 (5): 1040-1052.

护、销售管理等农业创业全流程中的应用和创新。

基于上述分析,在此提出以下假设:

假设 5-2a 合伙式创业模式融合方式在低创业网络规模促进共享农业组织间创新知识共享的过程中具有中介作用

假设 5-2b 协作式创业模式融合方式在高创业网络规模促进共享农业组织间创新知识共享的过程中具有中介作用

三、组织领导风格的调节作用

交易型和变革型这两种领导行为被证实对组织间知识共享具有重要影响①,它们都对改善农业创业企业成员间的交流意愿与沟通方式选择具有重要作用。其一,具有变革型领导特征的农业创业管理者注重同差异化类型参与者(特别是从事基层农业生产管理的人)的情感交流,能够通过有效改善团队成员工作以外的生活困境,通过个人魅力感染下属,帮助下属信任企业并学习新知识和技能,特别是对于学习基础和能力较差的农业经营参与者而言②。其二,变革型农业创业领导者坚信员工是值得信任的,认为基于亲缘、地缘等紧密合作形成的合伙式创业模式能够实现本乡创业者在淳朴生活作风与基本从业经验、精神诉求方面的统一,从而进一步实现专业知识的学习与观念的扭转。其三,变革型领导的农业创业管理者体现出较强的风险承担意识,乐于在新的技术环境与政策框架下接受新挑战和考验,往往对组织中探索性创新这一风险系数极高的创新模式持有开放态度③,使得创业团队成员具备更高的心

---

① 雷星晖,单志汶,苏涛永,等. 谦卑型领导行为对员工创造力的影响研究 [J]. 管理科学,2015,28 (2):115-125.

② 吴石磊,王学真. 现代农业创业投资引导基金及其梭形投融资机制构建 [J]. 宏观经济研究,2017 (11):163-170.

③ RICHARD S A, ADRIAN V B. Tourism, Farming and Diversification:An Attitudinal Study [J]. Tourism Management, 2006, 27 (5):1040-1052.

理安全感①，从而敢于拓展个人经验认识，为农业产品内容和形式创新提出更加新颖的建设性意见。

基于上述分析，在此提出以下假设：

假设5-3 变革型领导风格正向调节合伙式创业模式融合方式对共享农业组织间创新知识共享的促进作用

交易型领导会视员工的努力程度、绩效表现以及对所要完成目标的认识给予员工奖励，是一种为取得员工支持而提供有价值资源的一种交易模式②。具有交易型领导风格特征的农业创业企业管理者经常通过强调预期效果来统一下属的不一致甚至消极想法，以更高的预期创业绩效显著激发成员的学习态度，促进知识共享过程、提高知识吸收能力，从而促进员工在复杂的农业经营协作环境中主动实现知识共享。一方面，当共享农业企业具有交易型领导时，管理者为了克服个体的知识差异，将会推动企业管理所明确阐释的协作目标、工作要点及完成任务奖励信息规范化，能够为成员知识共享提供客观参考依据，易于形成良性、公平的激励氛围③。另一方面，当交易型领导风格能够在相对范围内被协作成员所接受时，管理者所呈现的组织和领导态度、行为匹配现象有助于调整成员同领导的合作预期，进而在提升成员对企业和领导的信任并共享组织价值观的基础上，提高隐性知识共享的意愿，从胜任力、自主性和发展前瞻性等方面改善组织创业协作的责任感，从而促进组织间的知识共享。

---

① 雷星晖，单志汶，苏涛永，等. 谦卑型领导行为对员工创造力的影响研究 [J]. 管理科学，2015，28（2）：115-125.

② GONG Y, HUANG J C, FARH J l. Employee Learning Orientation, Transformational Leadership, and Employee Creativity: The Mediating Role of Employee Creative Self-efficacy [J]. Academy of Management Journal, 2009, 52 (4): 765-778.

③ QU R, JANSSEN O, SHI K. Transformational Leadership and Follower Creativity: The Mediating Role of Follower Relational Identification and the Moderating Role of Leader Creativity Expectations [J]. Leadership Quarterly, 2015, 26 (2): 286-299.

基于以上分析，在此提出以下假设：

假设5-4 交易型领导风格正向调节协作式创业模式融合方式对共享农业组织间创新知识共享的促进作用

综上，第五章研究的理论框架见图5-1：

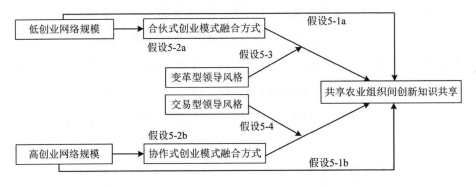

图5-1　第五章研究的理论框架

第三节　实证分析

一、问卷设计

由于云南具有良好的生态环境及丰富的物种资源，具备开展现代农业开发以及农业创业的先天优势，且笔者多年来长期在云南从事共享农业项目开发运行，因此从调查代表性和便利性的角度考虑，本研究选取云南省的农业创业企业开展问卷调查。本研究参考已有成熟量表形成本问卷的测项，选择性地加入了与研究目标相关的关键词，通过对部分云南省共享农业创业团队的个人调研访谈，进一步确定了研究所涉及的调查问卷。问卷中的测项统一用 Likert 5 级量表测量，其中"1~5"表示从"完全不符合"到"完全符合"。同时，为了尽量提高数据的可靠性，本研究采用多源数据收集与随机调整题项顺序的方式来克服同源误差的影响。首先，为了避免单一被测对象在完整填写问卷时对可能测量意图的猜测，本研究在大样本测试中选择具有合作交集的共享农业创业团队中的不同成员来分别填写自变量、因变量的问卷，在填写均值差异小于 2 的前提下，将二者配对后的问卷作为最终数据。同时，为了进一步降低问卷调查的称许性影响、保障问卷调查的匿名性，本研究在调查过程中还通过随机调整问卷题项的顺序、使用通俗语言解释题项等方式来进一步削弱同源误差的影响，以便保证数据的可靠性和客观性。

二、样本与数据收集

从 2020 年 4 月至 6 月，数据收集时间历时 3 个月。样本抽样方式为分层随机抽样，从云南省农业龙头企业（国家级、省级、区级）、云南省众创空间、云南省创新创业大赛中与共享农业主题相关参赛企业中分别提取了 65、80、95 个共享农业创业团队。本研究共调查了云南省各个市区的 240 个共享农业创业团队，向每个创业团队发放大于 2 份问卷，由创业团队的不同调研对象来填写，在经过邮件与电话两轮提醒后最终收回 229 个创业团队的问卷。其中有 4 个创业团队成立不到 3 个月，还未正式开展工作；有 13 个创业团队回收的问卷小于 2 份或不满足问卷配对调查要求，为保证研究可靠性，删除这 17 个团队的问卷，因此最后收集了 212 个创业团队的有效问卷，并计算平均值作为该创业团队可供分析的最终数据。创业团队样本的基本情况见表 5-1。

表 5-1　第五章研究的样本基本情况描述（N=212）

项目	分类	样本/个	占比/%	项目	分类	样本/个	占比/%
创始人学历	高中及以下	34	16.0	企业年龄	1～3 年	47	37.3
	专科	65	30.7		4～5 年	79	25.5
	本科	58	27.4		>5 年	54	22.1
	研究生及以上	55	25.9	所属行业	IT/互联网/通信行业	43	20.3
企业规模	≤20 人	36	17.0		传媒/印刷/艺术/设计业	45	21.2
	21—50 人	70	33.0		服务业	53	25
	51—100 人	44	20.8		采购/贸易/交通/物流行业	39	18.4
	101—150 人	49	23.1		生产/制造业	19	9.0
	>150 人	13	6.1		生物/医药业	13	6.1
企业年龄	≤1 年	32	15.1				

109

三、研究工具

（一）自变量

创业网络规模的测量主要借鉴王海花等（2019）的创业网络量表，再结合共享农业组织间创业的现实情况，得出创业网络规模量表包括低创业网络规模和高创业网络规模两个维度。其中，低创业网络规模包括4个题项，分别为：GN1 创业者经常与亲戚朋友进行交流；GN2 创业者经常与同事进行交流；GN3 创业者经常与合作伙伴进行交流；GN4 创业者能够通过合适的渠道发泄负面情绪。高创业网络规模包括4个题项，分别为：LN1 企业和较多的各级政府交流；LN2 创业者更加成熟理智并善于重新理解环境规则；LN3 创业者经常积极搜寻、识别和利用最具市场优势的商机，降低对组织冗余的依赖；LN4 创业者能够自主协调好与商业伙伴的竞合关系、主动构建企业振兴的知识和信息资源。在此基础上，本研究仅保留比较均值较大数值的维度统计结果，较小均值的维度数值记为 0（均值相等时保留高网络规模数值）。

（二）因变量

本研究的共享农业组织间知识共享变量分别从行为和效果两个角度加以测量。参考冯长利（2011）的相关研究，其中知识共享行为包括"KS1 企业与合作伙伴交流很多产品技术相关的知识""KS2 企业与合作伙伴交流很多生产流程相关的知识"。知识共享在很多研究中经常与知识交流相互替换，例如卡布雷拉，柯林斯和萨尔加多（Cabrera, Collins and Salgado, 2006），因此本研究借鉴了先前学者关于知识交流和转移的研究观点，通过知识交流的效率和效力测量知识共享效果，包括合作所涉及知识的可理解性和有用性，以及知识交流的速度效力等杨舒蜜等人（2014）。据此，测量题项为："KS3 通过合作获取的知识和技术，合作各方能够理解并熟练操作""KS4 通过合作获取的知识和技术，有利于合作项目的进展”和"KS5 合作各方能够快速及时地分配合作所需要的知识和技术"。

（三）中介变量

本研究的创业模式融合方式分别从协作式创业模式融合和合伙式创业模式融合两个角度加以测量，参考郭军盈（2006）和刘健钧（2003）的相关研究，并结合共享农业组织间创业实际，各包括 4 个题项。其中，协作式创业模式融合包括：CR1 通过与相关单位或人员协作能够解决创业过程中出现的短期技术装备问题，CR2 通过与相关单位或人员协作能够解决创业过程中出现的中短期功能业务问题，CR3 通过与相关或人员单位协作能够解决创业过程中出现的中长期策略转型问题，CR4 通过与相关单位或人员协作能够迎合市场发展需求；合伙式创业模式融合包括：PR1 合伙创业能够满足我的短期物质精神需要，PR2 合伙创业能够帮助我同外部网络中的单位或个人进行联系，PR3 通过合伙人我能够获得有关创新技术、商业模式与创业观念等方面的重要资源，PR4 在合作过程中我们能够保持互相信任。在此基础上，本研究仅保留比较均值较大数值的维度统计结果，较小均值的维度数值记为 0（均值相等时保留协作创业模式数值）。

（四）调节变量

组织领导风格用变革型领导、交易型领导来测度。变革型领导、交易型领导的测量题项以阿沃利和巴斯等人（Avolio and Bass，1999）研究者使用的问卷为基础，结合共享农业组织间创新实际进行一定的修正，每个变量由 4 个题项来测度。其中，变革型领导风格从"魅力领导""动机激励""智力激励"和"个人关怀" 4 个方面来度量，包括4 个题项：CL1 对工作热情投入，具有较强的事业心和进取心；CL2 能给员工指明奋斗目标和前进方向；CL3 引导员工从不同的角度解决问题；CL4 愿意花时间指导员工，为员工答疑解惑。交易型领导从"权变奖励"和"例外管理"两个方面来度量,包括 4 个题项:TL1 对员工的成就给予奖励;TL2 为员工提供支持以协助员工完成工作;TL3 对员工的失误、不规范行为和额外错误非常关注;TL4 集中大量精力来处理偏差、紧急问题等额外工作。在此基础上,本研究仅保留比较均值较大数值的维度统计结果,较小均值的维度数值记为 0(均值相等时保留变革型领导维度数值)。

(五)控制变量

参考马里亚诺和皮拉下(Mariano and Pilar,2005)以及唐和罗梅恩(Tang and Romjin,2002)的研究设计,选取所属行业、企业规模、企业年龄、创始人学历这四个变量作为本研究的控制变量。

四、样本检验

(一)信度效度检验

参考先前研究的标准,本研究以 0.7 作为 Cronbach's α 信度系数的临界值,使用 SPSS 22.0 和 Amos 21.0 软件进行信度检验,结果见表 5-2。

表 5-2　第五章研究的量表信度和效度检验

变量	测项	Cronbach's α 系数	因素载荷值	CR	AVE
低创业网络规模	GN1		0.825		
	GN2		0.862		
	GN3	0.880	0.762	0.876	0.640
	GN4		0.746		
高创业网络规模	LN1		0.836		
	LN2		0.781		
	LN3	0.829	0.751	0.854	0.595
	LN4		0.712		

变量	测项	Cronbach's α 系数	因素载荷值	CR	AVE
合伙式创业模式融合	PR1	0.878	0.754	0.873	0.634
	PR2		0.845		
	PR3		0.845		
	PR4		0.734		
协作式创业模式融合	CR1	0.854	0.787	0.860	0.607
	CR2		0.827		
	CR3		0.760		
	CR4		0.739		
变革型领导方式	CL1	0.871	0.847	0.871	0.628
	CL2		0.837		
	CL3		0.739		
	CL4		0.741		
交易型领导方式	TL1	0.888	0.805	0.898	0.688
	TL2		0.858		
	TL3		0.888		
	TL4		0.762		
共享农业组织间创新知识共享	KS1	0.848	0.740	0.869	0.569
	KS2		0.772		
	KS3		0.731		
	KS4		0.812		
	KS5		0.715		

　　检验结果表明，变量各维度的 Cronbach's α 系数均大于 0.8，具有良好的信度。因素负荷量最小为 0.715，最大为 0.888，且均在 p<0.001 的水平上显著，符合因素负荷量值介于 0.5~0.95 之间的要求。变量各维度的组合信度（CR）均大于 0.8，达到组合信度大于 0.8 的要求，平均变异量抽取值（AVE）均大于 0.5，达到平均变异量抽取值大于 0.5

的要求，变量具有良好的聚合效度。

此外，在验证性因子分析方面，本研究运用 Amos 21.0 软件对高/低创业网络规模、合伙式/协作式创业模式融合、变革型/交易型领导方式 6 个变量进行验证性因子分析，其中，相对卡方（$\chi2/df$）= 2.88、CFI = 0.908，TLI = 0.905，IFI = 0.910，RMSEA = 0.078 < 0.08，说明变量之间具有较好的区分效度。可见，本研究的变量具有较好的信度和效度。

（二）共同方法偏差检验

本研究由于所收集的样本数据均来自创业者对本公司创业情况的自我报告，因此可能存在共同方法偏差的风险。本研究对共同方法偏差问题进行了 Harman 单因素检验，采用主成分分析法对所有变量做了探索性因素分析，结果表明未经旋转前的第一个因子解释了 29.33% 的变异，远低于总变异解释量的一半，所以不存在一个单一因子能解释大部分变异的情况，同源偏差并不显著。

第四节　假设检验与结果

一、相关性分析

表 5-3 汇报了回归模型各个变量的均值、标准差和 Pearson 相关系数。可以看到，模型各自变量之间的 Pearson 相关系数较小，说明本研究回归模型中存在严重多重共线性问题的可能性不大，且各变量之间具有显著相关性。

表5-3 第五章研究的描述性统计分析及变量间相关关系

变量	1	2	3	4	5	6	7	8	9	10	11
1. 低创业网络规模	1										
2. 高创业网络规模	0.397**	1									
3. 合伙式创业模式融合	0.391**	0.305**	1								
4. 协作式创业模式融合	0.202**	0.245**	0.355**	1							
5. 变革型领导方式	0.298**	0.275**	0.308**	0.341**	1						
6. 交易型领导方式	0.134	0.178*	0.238**	0.281**	0.318**	1					
7. 组织间创新知识共享	0.223**	0.224**	0.354**	0.382**	0.373**	0.329**	1				
8. 所属行业	0.057	-0.047	0.141*	0.065	0.109	0.118	0.067	1			
9. 企业规模	0.050	0.184**	0.085	0.112*	0.185**	0.046	0.252**	-0.042	1		
10. 企业年龄	0.038	-0.005	-0.017	-0.085	-0.119	-0.016	0.018	-0.003	-0.088	1	
11. 创始人学历	-0.068	-0.019	0.016	0.000	-0.002	0.041	-0.014	0.002	-0.080	0.325**	1
平均值	3.632	3.431	3.989	3.805	3.802	3.500	3.788	2.79	2.33	2.64	2.47
标准差	0.611	0.649	0.586	0.579	0.553	0.669	0.500	1.405	1.228	1.026	1.058

注：* 表示 $p<0.05$，** 表示 $p<0.01$。

二、回归分析

本研究采用逐步添加控制变量、自变量、中介变量及交互项的层级回归分析，模型中的参数估计采用最大似然估计。为了规避多重共线性问题，分别对自变量、因变量、中介变量与调节变量做了中心化处理，然后再代入回归方程之中。共建立了 9 个模型，用 SPSS 22.0 软件对所有假设进行了检验，分析结果如表 5-4 所示。

（一）主效应检验

由表 5-4 可知，在模型 2 中可以看出低创业网络规模显著正向影响组织间创新知识共享（$\beta = 0.168$，$p < 0.01$），在模型 3 中可以看出高创业网络规模显著正向影响组织间创新知识共享（$\beta = 0.144$，$p < 0.01$），假设 5-1a、5-1b 得到验证。

（二）中介效应检验

由表 5-4 可知，模型 4 和模型 5 检验合伙式创业模式融合在低创业网络规模和组织间创新知识共享之间的中介作用，结果显示，低创业网络规模能显著正向影响合伙式创业模式融合（$a = 0.375$，$p < 0.001$），低创业网络规模和合伙式创业模式融合同时代入回归方程，低创业网络规模对组织间创新知识共享的正向影响不显著（$c' = 0.073$，$p > 0.05$），合伙式创业模式融合能显著正向影响组织间创新知识共享（$b = 0.254$，$p < 0.001$）；模型 6 和模型 7 检验协作式创业模式融合在高创业网络规模和组织间创新知识共享之间的中介作用，结果显示，高创业网络规模能显著正向影响协作式创业模式融合（$a = 0.212$，$p < 0.01$），高创业网络规模和协作式创业模式融合同时代入回归方程，高创业网络规模对组织间创新知识共享的正向影响不显著（$c' = 0.082$，$p > 0.05$），协作式创业模式融合能显著正向影响组织间创新知识共享（$b = 0.292$，$p < 0.001$）。该结果说明创业模式融合方式在创业网络规模促进组织间创新知识共享的过程中起中介作用，假设 5-2a 及 5-2b 得到验证。

表 5-4　第五章研究的假设检验结果

变量	模型 1	模型 2	模型 3	模型 4	模型 5	模型 6	模型 7	模型 8	模型 9
	组织间创新知识共享				合伙	组织间创新知识共享	协作	组织间创新知识共享	组织间创新知识共享
常数	3.424***	2.836***	2.957***	2.227***	2.400***	2.085***	2.990***	6.127***	1.074
所属行业	0.028	0.023	0.030	0.011	0.050*	0.021	0.032	0.006	0.001
企业规模	0.105***	0.101***	0.091**	0.092**	0.034	0.082**	0.032	0.067**	0.094***
企业年龄	0.030	0.016	0.028	0.029	-0.052	0.050	-0.078	0.035	0.058
创始人学历	-0.015	0.009	-0.013	-0.015	0.058	-0.028	0.053	-0.026	-0.032
低创业网络规模		0.168**		0.073	0.375***		0.212**		
高创业网络规模			0.144**			0.082			
合伙式创业模式融合				0.254***					
协作式创业模式融合						0.292***			
变革型领导方式								2.268***	1.022***
交易型领导方式								2.410***	1.073***
合伙式创业模式融合×变革型领导方式								0.557***	
协作式创业模式融合×交易型领导方式									0.229**
R^2	0.072	0.113	0.106	0.186	0.179	0.211	0.083	0.395	0.284
调整 R^2	0.054	0.091	0.083	0.161	0.159	0.187	0.060	0.373	0.259
F 值	3.903**	9.332***	4.728***	17.736***	8.743***	26.447***	3.603**	29.583***	9.126**

注：* 表示 $p<0.05$，** 表示 $p<0.01$，*** 表示 $p<0.001$。

(三) 调节效应检验

由表5-4可知，在模型8中可以看出合伙式创业模式融合与变革型领导方式的交互作用正向影响组织间创新知识共享（$\beta = 0.557$，$p < 0.001$），说明变革型领导风格在合伙式创业模式融合方式促进共享农业组织间创新知识共享的过程中具有调节作用，假设 5-3 得到验证；在模型 9 中可以看出协作式创业模式融合和交易型领导方式的交互作用正向影响组织间创新知识共享（$\beta = 0.229$，$p < 0.01$），说明交易型领导风格在协作式创业模式融合方式促进共享农业组织间创新知识共享的过程中具有调节作用，假设 5-4 得到验证。

从图 5-2 可以看到，与无变革型领导风格时相比，当具有变革型领导风格时合伙式创业模式融合对组织间创新知识共享的正向影响更显著，即变革型领导风格对合伙式创业模式融合促进组织间创新知识共享的过程具有正向调节作用，假设 5-3 得到进一步验证；从图 5-3 可以看到，与无交易型领导风格时相比，当具有交易型领导风格时协作式创业模式融合对组织间创新知识共享的正向影响更显著，即交易型领导风格对协作式创业模式融合促进组织间创新知识共享的过程具有正向调节作用，假设 5-4 得到进一步验证。

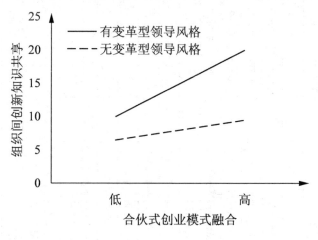

图 5-2 变革型领导风格对合伙式创业模式融合与组织间创新知识共享的调节作用

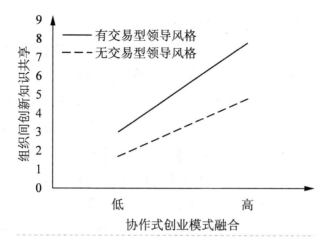

图 5-3 交易型领导风格对协作式创业模式融合与组织间创新知识共享的调节作用

第五节 本章小结

本章面向 212 个共享农业组织样本进行了实证分析，探讨了创业网络规模、创业模式融合方式以及共享农业组织间创新知识共享之间的关系，分析了创业模式融合方式的中介作用和不同风格领导方式的调节作用。研究发现：高创业网络规模与低创业网络规模均正向影响共享农业组织间创新知识共享。在此基础上，创业模式融合在创业网络规模对共享农业组织间创新知识共享的影响过程中起到了完全中介作用，其中合伙式创业模式融合在低创业网络规模对共享农业组织间创新知识共享影响过程中起中介作用，协作式创业模式融合在高创业网络规模对共享农业组织间创新知识共享影响过程中起中介作用。之后，将领导风格作为调节变量并通过分析得出，变革型领导风格对合伙式创业模式融合促进组织间创新知识共享的过程具有正向调节作用，交易型领导风格对协作式创业模式融合促进组织间创新知识共享的过程具有正向调节作用。

与现有成果相比，本章研究内容进一步验证了现有理论，并通过实证分析对既有的理论进行了补充和拓展。本研究通过实证分析表明，在共享农业组织间层面视角下，创业网络规模对共享农业组织间创新知识共享具有正向的影响，即匹配于不同的创业模式融合方式，创业网络规模对组织间的知识共享都具有相应的促进作用，能够有效的促进共享农业组织间的知识共享。这与 Arafat 等①对社会资本促进个人或团队在高度管制的环境中实现创建农业企业决策的结论相一致，说明无论是从组织内部还是组织间层面，创业网络规模都能够对知识共享发挥积极作用。在此基础上，本章进一步拓展并补充了创业网络对农业创业企业间知识共享的理论，探究了创业网络规模在组织间促进知识共享的影响机理与作用边界，进一步发现：结合不同的创业模式融合方式，创业网络规模无论高低均能够正向促进共享农业组织间的知识共享，同时，变革型领导风格对合伙式创业模式融合与组织间知识共享、交易型领导风格对协作式创业模式融合与组织间知识共享均有显著的正向调节作用。这说明，在农业创业过程中，企业面向不同创业网络规模，通过选择合适的创业融合模式和创业领导风格能够有效促进农业组织间的知识共享。

---

① ARAFAT M Y, SALEEM I, DWIVEDI A K, et al. Determinants of Agricultural Entrepreneurship: A GEM Data Based Study [J]. International Entrepreneurship and Management Journal, 2020 (16): 345-370.

第六章

创业网络强度、网络关系治理导向对共享农业组织外部环境适应的影响机制

第一节　问题的提出

共享农业是借助互联网平台将分散农户与消费者、供应商聚集起来，在生产与消费者间建立收益共享、信息对接、风险共担的一种新型农业经营方式，能够更有效地结合技术、文化、资金与国家战略实现农业产业的融合发展，在保障农业生产稳定性的同时挖掘创造更多产业附加值。共享农业独具特色的共享理念得到学术界和产业界的广泛关注，其主要遵循体验、价值与连接重构、价值链提升、产业链延长，增收链拓展的原则，倡导不仅要满足大众、保证数量、追求品牌，更要突出个性、优先质量、彰显品位的理念，成为推动农村创新创业发展与农业供给侧结构性改革的新引擎与新动能。组织外部环境适应主要聚焦不确定性外部创新环境下的主观能力与客观生产力[①]，包括承担风险的能力、开发新产品或服务的能力、技术创新的能力、制定并完成目标的能力[②]。创业网络强度是指参与创业活动的主体间相互关联的程度，它作

① 张银普，钱思，胡平. 基于角色清晰与团队认同的创业团队断裂带对创业绩效的影响研究 [J]. 管理学报，2020，17（4）：562-571.

② KENNY C. Exaptation Dynamics and Entrepreneurial Performance：Evidence from the Internet Video Industry [J]. Industrial & Corporate Change，2016，25（1）：181-198.

为创业组织资源获取和整合的重要手段，能够促进资源在网络成员间的共享和转移，从而有效增强组织的外部创新环境适应性①。近年来，创业网络强度对创业组织创新行为、战略决策和创新环境适应性的影响得到了众多学者关注，表明动态变化的创业环境中强关系网络、弱关系网络均能够在既定情境下促进创新行为与产出②。但目前学界缺乏具体管理对象及其影响机理的系统研究成果，更未见与农业创业组织中创业网络强度影响组织外部环境适应机理的研究成果。因此，本研究聚焦创业网络强度对共享农业组织外部环境适应的影响机制，具有重要的理论研究意义。

网络关系治理对创业组织资源配置和团队绩效层面的影响已得到广泛关注③。由于不同创业团队常基于创业网络强度来决定资源的优先配置序列，因此共享农业组织外部环境适应性差异普遍存在。鉴于农业创业活动所处的网络中主体行为多样和复杂、创新资源分布分散，加之农业创业行为的补偿性、网络组织复杂性的不断凸显都要求农业产业链条上的各企业形成较高的外部环境适应性④，以提高农业创业网络整体的网络交换可行性、规范性与资源获取的便利性⑤。但现有研究未见对该网络关系治理导向及其影响的分析成果，对此，科尔尼等人（Kearney，2015）和卡普尔（Kapur，2017）提出创业网络的"内部主导"与"外

---

① 刘学元，丁雯婧，赵先德. 企业创新网络中关系强度、吸收能力与创新绩效的关系研究［J］. 南开管理评论，2016，19（1）：30-42.
② 龙静. 创业关系网络与新创企业绩效——基于创业发展阶段的分析［J］. 经济管理，2016，38（5）：40-50.
③ LENGERS J，DANT R P，MEISEBERG B. Conflict Dynamics in Interfirm Relationships：An Exploratory Analysis of the Importance of Governance Mechanisms［J］. 2015，28（7）：273-297.
④ 韩炜，杨婉毓. 创业网络治理机制、网络结构与新企业绩效的作用关系研究［J］. 管理评论，2015，27（12）：65-79.
⑤ WEGNER D，KOETZ C. The Influence of Network Governance Mechanisms on the Performance of Small Firms［J］. International Journal of Entrepreneurship & Small Business，2016，27（4）：463-479.

部主导"两类主要关系治理导向，对于认识动态创业网络对组织外部环境适应的影响机理具有重要借鉴意义。同时，作为对创业活动最终结果的一个整体性考量指标，不同形式或层次的创业绩效也反映了创业组织对外部创业环境适应的差异性①。农业创业活动的绩效测度需要共同考虑团队的综合创业能力提升与企业经营业绩改善两个重要维度②。

上述进展表明，进一步整合网络关系治理理论与多层次创业绩效的研究进展，有助于认识动态环境中共享农业组织的创新环境适应机理。在此借鉴相关文献③④提出的众创组织的"外部战略价值"构成了团队创业微观影响主要内涵的观点，将网络关系治理导向视为组织外部环境适应的主要驱动因素，将多层次创业绩效视为调控这一影响过程的主要条件，以更好地理清创业网络强度在宏观层面对共享农业企业外部环境适应性的差异化作用，有助于明确该影响机制的边界条件。基于上述思考：首先，本研究将以共享农业组织的环境适应性为研究对象，聚焦强、弱创业网络强度对共享农业组织外部环境适应性的多维度作用；其次，研究内部、外部两种导向下的网络关系治理对创业网络强度促进共享农业组织外部环境适应的中介作用；最后，探讨多层次创业绩效分别对内部、外部两种导向下网络关系治理影响共享农业组织外部环境适应的调节作用。通过该研究设计，能够扩展以往农业创业研究集中于农业经营方式、技术创新等方面的研究领域，挖掘组织间协同治理的潜在优势，改进管理对策，能够对未来农业创业领域的动态竞争环境适应机制

---

① 张宝建，孙国强，裴梦丹，等. 网络能力、网络结构与创业绩效——基于中国孵化产业的实证研究［J］. 南开管理评论，2015，18（2）：39-50.

② KOLLMANN T，STOCKMANN C. Filling the Entrepreneurial Orientation‐performance Gap：The Mediating Effects of Exploratory and Exploitative Innovations［J］. Entrepreneurship Theory & Practice，2014，38（5）：1001-1026.

③ 许成磊，赵雅曼，张越. 创新扩散、创业网络情境导向对政策适应与创业团队创业绩效关系的影响［J］. 管理学报，2020，17（5）：704-714.

④ PARTANEN J，CHETTY S K，RAJALA A. Innovation Types and Network Relationships［J］. Entrepreneurship Theory & Practice，2014，38（5）：1027-1055.

研究与创业实践提供参考。

第二节 文献回顾与研究假设

一、创业网络强度对共享农业组织外部环境适应影响的主效应

强关系创业网络是指创业组织内部个体通过长期社会接触而建立的关系，一般具有长期性、稳定性、高信用度的特点，例如：同亲戚、同学、朋友或同村能人等具有的联系，反映了创业组织可获取外部资源的充足程度。特别是在企业创建初期，农业创业人员很难从一些正式机构获取相关的创业资源，拥有与亲戚、朋友等构成的强关系网络尤为重要，这种关系除了可以为创业者提供经济支持，更重要的是还能够提供情感支持、减少创业失败的负面情绪干扰。已有研究发现，新创组织的网络强度越大，网络主体之间的交往就越频繁，有助于提高创业组织从外部环境中获取异质信息和机会的能力、改善新组织市场开拓效果，为创业组织适应市场变化提供关键性补充[1]及资金、信息、市场等外部支持[2]，从而帮助共享农业组织把握并利用机会，更好地适应外部创业环境。由此提出如下假设：

假设 6-1a 强关系创业网络对共享农业组织外部环境适应有显著正向影响

弱关系创业网络指创业组织内部个体通过短暂社会接触而建立的关

---

[1] PALLOTTI F, LOMI A. Network Influence and Organizational Performance：The Effects of Tie Strength and Structural Equivalence ［J］. European Management Journal, 2011, 29 (5)：389-403.

[2] NELSON K C, BRUMMEL R F, JORAN W, et al. Social networks in Complex Human and Natural Systems：the Case of Rotational Grazing, Weak Ties, and Eastern US Dairy Landscapes ［J］. Agr Hum Values, 2014, 31 (2)：245-259.

系，一般具有广泛性、异质性、非结构化的特点，例如同企业合作的其他下乡大学生、返乡农民工以及各地的供应商、销售商等。弱关系个体之间异质性程度较高，通过交互产生的互惠程度也相对较高，从而有助于提高外部创业环境适应能力。一方面，弱关系网络带来的有效沟通可实现资源的共享和转移，使得共享农业组织能以较低成本获取资源所有者的信息。夏晨（2021）① 发现弱关系创业网络能够促进组织同供应商、消费者等市场主体的信息对接、需求匹配，并通过提升价值链、延长产业链、拓展增收链，提高企业的动态竞争环境适应性。另一方面，由现代农业产业园、科技园、创业园等形成的现代农业产业集群也为农业创业活动提供了丰富的弱关系环境，弱关系个体之间的高异质性能够为共享农业组织提供接触新信息、观念、技术、市场的渠道和机会②，"城市农场主""白领农夫""定制化农业"等农业商业模式的推陈出新也为平台型农业创业企业提供了持续更新资源共享模式，推动企业不断获取和吸收更加丰富的知识资源，更好地适应外部复杂多变的环境③。由此提出如下假设：

假设 6-1b 弱关系创业网络对共享农业组织外部环境适应有显著正向影响

假设 6-1 创业网络强度正向影响共享农业组织外部环境适应

二、网络关系治理导向对主效应的中介作用

（1）创业网络强度对网络关系治理导向具有促进作用

强关系创业网络促进"内部主导"的创业网络关系治理，主要体

---

① 夏晨. 集体土地所有权的张力及其消解——以集体土地的自然资源属性为进路 [J]. 农业经济问题，2021（7）：91-100.
② 张宁. 共享经济引领农业发展研究——基于乡村振兴背景 [J]. 农村经济与科技，2020，31（3）：21-22.
③ 芮正云，庄晋财. 农民工创业者网络能力与创业绩效关系：动态能力的中介效应 [J]. 财贸研究，2014，25（6）：30-37.

现在降低创业交易成本与风险作用方面。韩炜（2015）① 结合网络联系强弱与紧密程度，发现较高的创业网络紧密程度有益于降低搜索成本、提高共享农业组织内部资源获取及使用率、链接乡村与城市的供应及需求端、打通城乡联系缩减差距等问题。一方面，传统农业生产组织形式中的农户、产销主体和服务机构等基于地缘、亲缘等关系具有深厚的感情基础，凝聚指数与吸引力较高，且基于前期良好的情感交互基础更容易建立情感信任和认知信任，便于农业创业组织的成员间实现运营管理活动的规范化，有助于构筑正规且具有法律保障的商业关系②，有利于"内部主导"创业网络关系的治理。另一方面，本乡创业人员文化素质、科学技术水平、经营管理素质等专业能力较低，他们对创业机会、创业资源的整合等认识不全面，需要具体条例和框架的辅助③。而"内部主导"的创业网络关系治理能够弥补不成熟制度的局限性，更有效的提高网络的信任水平④。因此强关系创业网络有利于"内部主导"的创业网络关系治理。由此提出如下假设：

假设 6-2a 强关系创业网络对网络关系治理具有显著正向影响

弱关系创业网络对"外部主导"的创业网络关系治理的促进作用，主要体现在信息交互、产品或服务创新方面。创业成长期的共享农业组织主要通过资源共享、引入金融业、服务业等各种要素共同打造集生态农产品消费、生态旅游、农事体验等丰富内容于一体的多功能农业消费形式。该过程面临众多传统农业以外的经营要素与模式，需要农业创业

---

① 韩炜，杨婉毓. 创业网络治理机制、网络结构与新企业绩效的作用关系研究 [J]. 管理评论，2015，27（12）：65-79.

② 李浩. 孵化网络治理机制、网络负效应对网络绩效的影响 [D]. 西安：西安理工大学，2016.

③ 王涛，陈金亮. 新创企业持续成长研究——基于创业网络与合法性融合的视角 [J]. 财经问题研究，2018（8）：89-97.

④ NELSON K C, BRUMMEL R T. Integrating Theories in AMJ Articles [J]. Academy of Management Journal, 2013, 56（4）：917-922.

企业广泛整合创业资源，使创业网络中各方面实现信息交换、共享资源和解决问题等方面的合作，进而获取组织竞争优势、创造战略价值①，从而保障共享农业创新创业过程中的机会识别、优势搜寻与组织间绩效传递机制。而"外部主导"的创业网络关系治理能够增强共享农业创业组织的信心，提高资源共享与互动效率②，因此弱关系创业网络有利于"外部主导"的创业网络关系治理。由此提出如下假设：

假设 6-2b 弱关系创业网络对网络关系治理具有显著正向影响

"内部主导"的创业网络关系治理对共享农业组织外部环境适应的促进作用，主要体现在降低创业交易成本与风险作用两方面。一方面，以梅斯基塔（Mesquita）、戴尔（Dyer）和我国学者徐和平为代表的中外学者提出，基于信任、承诺和互惠等不同纬度"内部主导"网络关系治理机制的优势来源于法律、条例的约束效力，有助于共享农业组织在研发新产品、开拓新市场和创建新事业的过程中，规范资源获取、整合利用与共享合作模式以提高合作共享的长久性，进而将有限的资源用于创新合作从而降低创业交易成本。特别是对于开拓新市场领域的共享农业创业组织而言，"内部主导"网络关系治理能够提升其外部创新环境适应性③。另一方面，主张承担风险的"互联网+认养农业"使作为生产者的农户向"农工"转变，起到了打破组织惯性、提升灵活性，发挥缓冲器的作用，使得组织愿意并有能力开展高不确定性的创新活

---

① NELSON K C, BRUMMEL A. Network Influence and Organizational Performance: The Effects of Tie Strength and Structural Equivalence [J]. European Management Journal, 2011, 29 (5): 389-403.

② 朱青，张艾荣. 政府间供应链合作关系、信息共享与电子公共服务绩效关系研究 [J]. 电子商务，2018 (5): 35-37.

③ BRENTANI U D, KLEINSCHMIDT E J. The Impact of Company Resources and Capabilities on Global New Product Program Performance [J]. Project Management Journal, 2015, 46 (1): 12-29.

动，以表现出更强的环境适应能力①。随着行业竞争的加剧，"内部主导"网络关系治理可以帮助组织有效集结决策，以便组织在短时间内做出科学合理的决策，集思广益、降低创业风险，进而提高创业组织外部创新环境适应性。由此提出如下假设：

假设 6-3a"内部主导"的创业网络关系治理对共享农业组织外部环境适应具有显著正向影响

"外部主导"的创业网络关系治理对共享农业组织外部环境适应的促进作用，主要体现在信息共享、产品创新方面。一方面，成员间存在的频繁非正式互动，会促进共享农业组织信息共享，通过互动学习，组织成员的能力不断得到提升，有助于提升组织的外部创新环境适应性②。另一方面，追求自我管理、团队领导、技术创新、市场把握、超前行动能力的共享农业组织，注重市场机会预测与把握，明确客户需求，从满足大众需求到突出个性需求，从保证数量到质量优先，从追求品牌到彰显品位，帮助组织分析市场环境、积极承担有前景的新技术试验风险、满足创新需求并提升响应速度，以保障新产品及服务的引入与吸收能力，努力抓住新的产品市场机会③，进而不断提升创业组织外部环境适应性。由此提出如下假设：

假设 6-3b"外部主导"的创业网络关系治理对共享农业组织外部环境适应具有显著正向影响

综上，提出如下假设：

---

① 杨卓尔，高山行，曾楠. 战略柔性对探索性创新与应用性创新的影响——环境不确定性的调节作用 [J]. 科研管理，2016，37（1）：1-10.

② SITI N. Strategic Human Resource Planning: Responding to Changes Dynamic Business Environment and Effective To Achieve Competitive Advantage [J]. Journal of Social Science Studies，2017，4（2）：117.

③ 高琳. 网络环境下农产品的市场营销策略探究 [J]. 农业经济，2018（7）：137-138.

假设6-4a "内部主导" 网络关系治理导向在强关系创业网络与共享农业组织外部环境适应的关系中起中介作用

假设6-4b "外部主导" 网络关系治理导向在弱关系创业网络与共享农业组织外部环境适应的关系中起中介作用

三、创业绩效的调节影响

不同类型的创业绩效是研究创业网络治理机制有效性、规则导向的切入点。客观创业绩效反映了创业企业运营的实际财务状况。胡保亮等①提出，当市场和技术等外部环境的动态变化比较快时，创业企业面临的风险和竞争性就会体现出高度不确定性，组织经营决策的稳定性就会相应地削弱，此时创业企业运营的财务指标具有较高的波动性。赫查瓦里亚（Hechavarría)②认为，在复杂的创业环境中，创业企业将分散在网络中的资源加以整合并形成的独特商业模式具有较高不确定性，该过程中难以保障企业能实现预期的财务指标。再从推动共享农业组织加速成长的角度来看，相对于关注主要经营财务指标的高预期达成度，创新产品和服务、丰富专利与成果、激发组织内部的优秀创意、提高客观生产力、促使组织成员能力获得长足发展，这些有益于中长期经营绩效涌现的指标更值得关注，它能够帮助农业平台中的企业明确市场需求、提高资源利用率，更好地完成新产品（服务）引入、新市场开发与"物尽其用"③。由此提出如下假设：

假设6-5a 客观创业绩效在内部主导的网络关系治理导向对共享农

---

① 胡保亮，闫帅，田萌. 环境动态性视角下网络能力对商业模式调适的影响研究 [J]. 技术与创新管理, 2019, 40（3）: 355-360.

② HECHAVARRÍA, DIANA M, WELTER C. Opportunity Types, Social Entrepreneurship and Innovation: Evidence from the Panel Study of Entrepreneurial Dynamics [J]. International Journal of Entrepreneurship & Innovation, 2015, 16（4）: 237-251.

③ 徐宇. 论"共享土地"与精准扶贫、乡村振兴战略 [J]. 现代商贸工业, 2018, 39（28）: 106-107.

业组织外部环境适应性的促进作用中不具备调节作用。

平台型创业组织复杂性的不断提高，要求在提高主观创业绩效的前提下改善组织对外部环境的适应性。一方面，外部主导型网络关系治理机制的建立和完善能够加速创业网络中各结点组织的资源匹配进度，并通过影响资源配置的优先程度提高创业组织的主观创业绩效，进而激励创业者逐渐形成快速识别、分析、应对的能力，使创业者积极承担有前景的新技术试验风险，抓住新的产品市场机会、实现创新创业价值增值①，显著提高组织的创新能力、适应环境。另一方面，为了应对产业集群内动态创业环境带来的不确定性风险和竞争，共享农业组织主要通过与其他组织的合作来引进技术、实现管理创新②，其中具有较高主观创业绩效的组织将更倾向于尝试探索新市场、引进新技术等多种方法以开发新流程、新产品，这有助于降低创业环境动态性带来的风险与竞争。由此提出如下假设：

假设 6-5b 主观创业绩效正向调节外部主导的创业网络治理导向对共享农业组织外部环境适应性的促进作用。

综上，第六章研究的理论框架见图 6-1（为简明起见，部分假设未在图中标注）。

---

① 李浩. 孵化网络治理机制、网络负效应对网络绩效的影响［D］. 西安：西安理工大学，2016.
② 赵观兵，梅强，万武. 创业环境动态性、创业者特质与创业资源识别关系的实证研究——以产业集群为视角［J］. 科学学与科学技术管理，2010，31（8）：90-96.

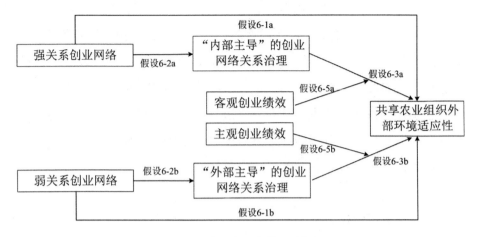

图6-1　第六章研究的理论框架

第三节　研究设计

一、问卷设计

　　鉴于云南省具有良好的生态环境及丰富的物种资源，具备开展现代农业开发以及农业创业的先天优势，且笔者多年来在云南省从事共享农业项目开发运行，加之疫情期间开展省外调研的难度较大，因此从调查的代表性和便利性角度考虑，本研究选取云南省的农业创业企业开展问卷调查。本研究参考已有成熟量表形成本问卷的测项，选择性地加入了与研究目标相关的关键词，通过对部分云南省共享农业创业团队的个人调研访谈，进一步确定了研究所涉及的调查问卷。问卷中的测项统一用Likert 5级量表测量，其中"1~5"表示从"完全不符合"到"完全符合"。同时，为了提高数据的可靠性，本研究采用多源数据收集与随机调整题项顺序的方式来克服同源误差的影响。首先，为了避免单一被测对象在完整填写问卷时对可能测量意图的猜测，本研究在大样本测试中选择具有合作交集的共享农业创业团队中的不同成员来分别填写自变量、因变量的问卷，在填写均值差异小于2的前提下，将二者配对后的问卷作为最终数据。同时，为了进一步降低问卷调查的称许性影响、保障问卷调查的匿名性，本研究在调查过程中还通过随机调整问卷题项的顺序、使用通俗语言解释题项等方式来进一步削弱同源误差的影响，以便保证数据的可靠性和客观性。

二、样本与数据采集

从2020年8月到2020年10月，数据收集时间历时3个月。样本抽样方式为分层随机抽样，从云南省农业龙头企业（国家级、省级、区级）、云南省众创空间、云南省创新创业大赛中与共享农业主题相关的参赛企业中分别抽取了76、80、95个共享农业创业团队。本研究共调查了云南省各个市区的251个共享农业创业团队，向每个创业团队发放大于2份问卷，由创业团队的不同调研对象来填写，在经过邮件与电话两轮提醒后最终收回232个创业团队的问卷。其中有4个创业团队成立不到3个月，还未正式开展工作；有9个创业团队回收的问卷小于2份，为保证研究可靠性，删除这13个团队的问卷，因此最后收集了219个创业团队的有效问卷，并计算平均值作为该创业团队可供分析的最终数据。创业团队样本的基本情况见表6-1。

表6-1　第六章研究的样本基本情况描述（N=219）

项目	分类	样本/个	占比/%	项目		分类	样本/个	占比/%
创始人学历	高中及以下	42	19.2	企业年龄		1~3年	54	24.7
	专科	73	33.3			4~5年	71	32.4
	本科	57	26.0			>5年	48	21.9
	研究生及以上	47	21.5	所属行业	IT/互联网/通信行业		46	21.0
企业规模	≤20人	32	14.6		传媒/印刷/艺术/设计业		45	20.5
	21—50人	68	31.1		服务业		57	26.0
	51—100人	52	23.7		采购/贸易/交通物流行业		37	16.9
	101—150人	52	23.7		生产/制造业		23	10.5
	>150人	15	6.8		生物/医药业		11	5.0
企业年龄	≤1年	46	21					

三、研究工具

（一）创业网络强度

参考迪宾和奥尔德里奇（Dubini and Aldrich，1991）和帕克和罗（Park and Luo Y. 2001）的量表，创业网络强度主要包括 4 个题项：S1 我们公司与合作伙伴之间合作很频繁；S2 我们公司与重要的合作伙伴之间相互信任；S3 我们公司非常认同重要合作伙伴的战略；S4 我们公司的重要合作伙伴对公司的业务发展提供了很大的帮助。

（二）组织外部环境适应性

参考马里亚诺和皮拉尔（Mariano and Pilar，2005）的量表，组织外部环境适应性主要包括 4 个题项：A1 不确定性外部环境下新产品或服务开发的能力；A2 不确定性外部环境下风险承担的能力；A3 不确定性外部环境下进行技术创新的能力；A4 不确定性外部环境下制定并完成创业目标的能力。

（三）网络关系治理导向

主要参考科尔尼等（Kearney，2015）和卡普尔（Kapur，2017）提出的创业网络"内部主导"与"外部主导"两类主要网络关系治理导向，并结合创业团队创业的实际情景，本研究将创业网络关系治理导向划分为内部主导与外部主导两个维度。内部主导的创业网络关系治理导向主要包括：IN1 在团队合作中协调自身工作内容很重要，IN2 鼓励团队成员合作互信是重要的管理内容，IN3 团队成员的创新和质疑意识值得着重培养。外部主导的创业网络关系治理导向主要包括：EN1 塑造并强调宏大创业愿景的作用很突出，EN2 外部的挑战有助于激励团队成员主动改善工作能力，EN3 建立承诺和约束团队成员创新是应对创业环境变化的重要内容。

（四）创业绩效

本研究将创业绩效划分为主观创业绩效和客观创业绩效两个维度。根据唐和罗梅恩（Tang and Romjin，2002）的研究量表，主观创业绩效包括 4 个题项：PA1 企业创新的产品和服务具有创新性；PA2 企业在经营中产生了许多优秀的创意或新点子；PA3 企业内信息传播利用高效；PA4 企业成员的创业能力获得显著提高。根据恩斯利（Ensley，2002）、李孝明和蔡兵（2008）等的研究，客观创业绩效包括 4 个题项：PP1 企业创新产品或服务数量增长情况；PP2 企业在行业内的市场占有率；PP3 企业获得的授权或发明专利数量；PP4 企业产品或服务的客户满意度。

（五）控制变量

参考马里亚诺和皮拉尔（Mariano and Pilar，2005）和唐和罗梅恩（Tang and Romjin，2002）的研究设计，选取所属行业、企业规模、企业年龄、创始人学历这四个变量作为本研究的控制变量。

四、样本检验

（一）信度效度检验

参考先前研究的标准，本研究以 0.7 作为 Cronbach's α 信度系数的临界值，使用 SPSS 22.0 和 Amos 21.0 软件进行信度检验，结果见表6-2。

表6-2　第六章研究的量表信度和效度检验

变量	测项	Cronbach's α 系数	因素载荷值	CR	AVE
强关系创业网络	QS1	0.885	0.817	0.862	0.611
	QS2		0.860		
	QS3		0.727		
	QS4		0.713		

续表

变量	测项	Cronbach's α 系数	因素载荷值	CR	AVE
弱关系创业网络	RS1	0.877	0.803	0.874	0.635
	RS2		0.812		
	RS3		0.785		
	RS4		0.787		
"内部主导"的创业网络关系治理	IN1	0.846	0.747	0.811	0.589
	IN2		0.793		
	IN3		0.762		
"外部主导"的创业网络关系治理	EN1	0.862	0.841	0.878	0.705
	EN2		0.882		
	EN3		0.794		
主观创业绩效	PA1	0.852	0.724	0.881	0.651
	PA2		0.797		
	PA3		0.876		
	PA4		0.823		
客观创业绩效	PP1	0.843	0.754	0.879	0.646
	PP2		0.827		
	PP3		0.824		
	PP4		0.808		
共享农业组织外部环境适应性	A1	0.857	0.726	0.864	0.614
	A2		0.786		
	A3		0.807		
	A4		0.811		

　　检验结果表明，变量各维度的 Cronbach's α 系数均大于 0.8，具有良好的信度。因素负荷量最小为 0.713，最大为 0.882，且均在 $p<0.001$ 的水平上显著，符合因素负荷量值介于 0.5~0.95 之间的要求。变量各

维度的组合信度（CR）均大于 0.8，达到组合信度大于 0.8 的要求，平均变异量抽取值（AVE）均大于 0.5，达到平均变异量抽取值大于 0.5 的要求，变量具有良好的聚合效度。

此外，在验证性因子分析方面，本研究运用 Amos 21.0 软件对强/弱关系创业网络、"内/外部主导"的创业网络关系治理、主/客观创业绩效 6 个变量进行验证性因子分析，其中，相对卡方（$\chi 2/df$）= 2.76、CFI = 0.903，TLI = 0.906，IFI = 0.905，RMSEA = 0.077 < 0.08，说明变量之间具有较好的区分效度。可见，本研究的变量具有较好的信度和效度。

（二）共同方法偏差检验

本研究由于所收集的样本数据均来自创业者对本公司创业情况的自我报告，因此可能存在共同方法偏差的风险。本研究对共同方法偏差问题进行了 Harman 单因素检验，采用主成分分析法对所有变量做了探索性因素分析，结果表明未经旋转前的第一个因子解释了 31.06% 的变异，远低于总变异解释量的一半，所以不存在一个单一因子能解释大部分变异的情况，同源偏差并不显著。

第四节　假设检验与结果

一、相关性分析

表 6-3 汇报了回归模型各个变量的均值、标准差和 Pearson 相关系数。可以看到，模型各自变量之间的 Pearson 相关系数较小，说明本研究回归模型中存在严重多重共线性问题的可能性不大，且各变量之间具有显著相关性。

表 6-3　第六章研究的描述性统计分析及变量间相关关系

变量	1	2	3	4	5	6	7	8	9	10	11
1. 强关系创业网络	1										
2. 弱关系创业网络	0.350**	1									
3. "内部主导"的创业网络关系治理	0.343**	0.358**	1								
4. "外部主导"的创业网络关系治理	0.331**	0.370**	0.315**	1							
5. 主观创业绩效	0.251**	0.076	0.359**	0.111	1						
6. 客观创业绩效	0.156*	0.105	0.239**	0.190**	0.254**	1					
7. 组织外部环境适应性	0.297**	0.331**	0.394**	0.253**	0.319**	0.420**	1				
8. 所属行业	0.063	0.044	0.156*	0.037	0.178*	0.020	0.155*	1			
9. 企业规模	0.034	0.064	0.124	0.067	0.074	-0.057	0.142*	0.042	1		
10. 企业年龄	-0.080	-0.050	-0.052	-0.053	-0.121	0.135	-0.003	0.003	0.088	1	
11. 创始人学历	0.155*	0.064	0.144*	0.047	0.121	0.109	0.078	0.002	0.080	0.325**	1
平均值	3.626	3.376	3.675	3.932	3.552	3.781	3.788	2.79	2.33	2.64	2.47
标准差	0.584	0.746	0.706	0.602	0.698	0.573	0.614	1.405	1.228	1.026	1.058

注：* 表示 $p<0.05$，** 表示 $p<0.01$。

二、回归分析

本研究采用逐步添加控制变量、自变量、中介变量及交互项的层级回归分析，模型中的参数估计采用最大似然估计。为了规避多重共线性问题，分别对自变量、因变量、中介变量与调节变量做了中心化处理，然后再代入回归方程之中。共建立了 9 个模型，用 SPSS 22.0 软件对所有假设进行了检验，分析结果如表 6-4 所示。

（一）主效应检验

由表 6-4 可知，在模型 2 中可以看出强关系创业网络显著正向影响组织外部环境适应（$\beta = 0.293$，$p < 0.001$），在模型 3 中可以看出弱关系创业网络显著正向影响组织外部环境适应（$\beta = 0.259$，$p < 0.001$），假设 6-1a、6-1b 和假设 6-1 均得到验证。

（二）中介效应检验

由表 6-4 可知，模型 6-4 和模型 6-5 检验"内部主导"的创业网络关系治理在强关系创业网络和外部环境适应之间的中介作用，结果显示，强关系创业网络能显著正向影响"内部主导"的创业网络关系治理（$a = 0.233$，$p < 0.001$），强关系创业网络和"内部主导"的创业网络关系治理同时代入回归方程，强关系创业网络对组织外部环境适应的正向影响不显著（$c' = 0.133$，$p > 0.05$），"内部主导"的创业网络关系治理能显著正向影响组织外部环境适应（$b = 0.254$，$p < 0.001$），该结果说明，"内部主导"的创业网络关系治理在强关系创业网络与共享农业组织外部环境适应的关系中起中介作用，假设 6-4a 得到验证；模型 6-6 和模型 6-7 检验"外部主导"的创业网络关系治理在弱关系创业网络和组织外部环境适应之间的中介作用，结果显示弱关系创业网络能显著正向影响"外部主导"的创业网络关系治理（$a = 0.294$，$p < 0.001$），弱关系创业网络和"外部主导"的创业网络关系治理同时代

表6-4　第六章假设检验结果

变量	模型 1	模型 2	模型 3	模型 4	模型 5	模型 6	模型 7	模型 8	模型 9
	创新环境适应				"内部主导"创业网络关系	外部环境适应性	"外部主导"创业网络关系	组织外部环境适应性	
常数	3.424***	2.836***	2.957***	2.227***	2.400***	2.085***	2.990***	6.127***	1.074
所属行业	0.028	0.023	0.030	0.011	0.050*	0.021	0.032	0.006	0.001
企业规模	0.105***	0.101***	0.091***	0.092**	0.034	0.082**	0.032	0.067**	0.094***
企业年龄	0.030	0.016	0.028	0.029	-0.052	0.050	-0.078	0.035	0.058
创始人学历	-0.015	0.009	-0.013	-0.015	0.058	-0.028	0.053	-0.026	-0.032
低创业网络规模		0.168**							
高创业网络规模			0.144**	0.073	0.375***	0.082	0.212**		
合伙式创业模式融合				0.254***				2.268***	
协作式创业模式融合						0.292***		2.410***	
变革型领导方式									1.022***
交易型领导方式									1.073***
合伙式创业模式融合×变革型领导方式								0.557***	
协作式创业模式融合×交易型领导方式									0.229**
R^2	0.072	0.113	0.106	0.186	0.179	0.211	0.083	0.395	0.284

续表

变量	模型 1	模型 2	模型 3	模型 4	模型 5	模型 6	模型 7	模型 8	模型 9
	创新环境适应				"内部主导"创业网络关系	外部环境适应性	"外部主导"创业网络关系	组织外部环境适应性	
调整 R^2	0.054	0.091	0.083	0.161	0.159	0.187	0.060	0.373	0.259
F 值	3.903**	9.332**	4.728***	17.736***	8.743***	26.447***	3.603**	29.583***	9.126**

注:* 表示 $p < 0.05$,** 表示 $p < 0.01$,*** 表示 $p < 0.001$。

入回归方程，弱关系创业网络对组织外部环境适应的正向影响不显著（c'=0.102，p>0.05），"外部主导"的创业网络关系治理能显著正向影响组织外部环境适应（b=0.184，p<0.01），该结果说明"外部主导"的创业网络关系治理在弱关系创业网络与共享农业组织外部环境适应的关系中起中介作用，假设6-4b得到验证。

（三）调节效应检验

由表6-4可知，在模型8中可以看出"内部主导"的创业网络关系治理和客观创业绩效的交互项不显著（β=0.087，p>0.05），说明客观创业绩效在"内部主导"的创业网络关系治理方式促进共享农业组织外部环境适应的过程中不具有调节作用，假设6-5a得到验证；在模型9中可以看出"外部主导"的创业网络关系治理和主观创业绩效的交互作用正向影响创新环境适应（β=0.353，p<0.001），说明主观创业绩效在"外部主导"的创业网络关系治理方式促进共享农业组织外部环境适应的过程中具有调节作用，假设6-5b得到验证。

从图6-2可以看到，与无主观创业绩效时相比，当具有主观创业绩效时，"外部主导"的创业网络关系治理对组织外部环境适应的正向影响更显著，即主观创业绩效对"外部主导"的创业网络关系治理促进共享农业组织外部环境适应的过程具有正向调节作用，假设6-5b得到进一步验证。

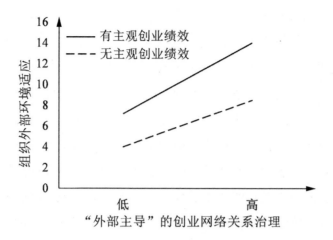

图 6-2 主观创业绩效对"外部主导"创业网络关系治理与组织外部环境适应的调节作用

第五节 本章小结

本章面向 219 个共享农业组织样本进行了实证分析，探讨了创业网络强度、网络关系治理导向以及共享农业组织外部环境适应性之间的关系，分析了网络关系治理导向的中介作用和主客观创业绩效的调节作用。本研究发现：创业网络关系的强弱均正向影响共享农业组织外部环境适应。在此基础上，"内部主导"的创业网络关系治理在强关系创业网络对共享农业组织外部环境适应过程中起中介作用，"外部主导"的创业网络关系治理在弱关系创业网络对共享农业组织外部环境适应过程中起中介作用。之后，将主客观创业绩效作为调节变量并通过分析得出，主观创业绩效在"外部主导"的创业网络关系治理促进共享农业组织外部环境适应的过程具有正向调节作用，而客观创业绩效在"内部主导"的创业网络关系治理对共享农业组织外部环境适应的过程中没有显著影响。

与现有成果相比，本章研究成果进一步验证了现有理论，并通过实证分析对既有的理论进行了补充和拓展。本研究通过实证分析表明，创业网络强度对共享农业组织外部环境适应存在正向影响关系，当创业网络强度匹配于相应的网络关系治理导向时，创业网络强度，无论强关系和弱关系，均对共享农业组织外部环境适应产生相应的促进作用，能够保障共享农业组织在动态创业环境中集聚竞争优势。刘学元等[1]对于网络关系强度促进企业创业绩效的研究表明，创业网络强度能够通过改善企业的吸收能力提升企业竞争优势，这与本研究发现的创业网络强度通过关系治理促进组织对环境的适应具有相似性，都证实了创业网络强度对组织发展的积极作用。在此基础上，本研究针对共享农业组织的经营情境与管理特征，进一步探究了创业网络强度对共享农业组织外部创新环境适应的影响机制，发现结合不同创业网络关系治理导向，强、弱创业网络强度均能对共享农业组织外部创新环境适应具有促进作用。同时发现，主观创业绩效正向调节外部主导的创业网络关系治理对共享农业组织外部创新环境适应机制，而客观创业绩效在内部主导创业网络关系治理对共享农业组织外部环境适应机制无显著调节作用。这说明，共享农业组织根据所处的不同创业网络强度，通过积极构筑相匹配的网络关系治理导向、关注相应类型的创业绩效内涵，能够有效提升其外部环境适应性。

---

① 刘学元，丁雯婧，赵先德. 企业创新网络中关系强度、吸收能力与创新绩效的关系研究 [J]. 南开管理评论，2016，19（1）：30-42.

第七章

推动共享农业组织协同创新的对策建议

第一节　推动共享农业组织内部创新效能集聚的对策建议

一、加快培育多元产业融合主体

（一）鼓励多元农业主体齐头并进发展

保障家庭农户在共享农业组织中的基本经营单元地位，推动完善家庭农场认定制度，加快引导形成省、市、县三级的家庭农场联创机制，促进小农户向专业化、规模化、集约化转变。不断创新思路夯实农业发展的人才基础，用好转业军人、返乡农民工、创业学生及离退休还乡老同志，鼓励他们支持乡村振兴战略，加快推动实施现代青年农场主精准培育计划、"乡土专家工程"和"阳光工程"。针对支持农业创业发展的人才群体，优先提供土地流转、增加信贷、减免税收、科技指导等农业创业支持，让更多有识之士关注和参与到乡村振兴的建设进程中，加快培养一批有文化、懂技术、会经营的新型职业农民和农业经营者。支持培育农工商经济联合体、市场经纪人和经纪人联合体、农产品购销公司、股份合作制企业等各类经济服务组织，重视中介组织和农民经纪人在市场营销中的媒介作用，为农业产业发展提供多元化、多层次、可持续的社会化服务。

（二）支持农业龙头企业增强产业引领作用

以国家和省级重点农业龙头企业为基础，大力培育农业"小巨人"，深入推进农村承包地的"三权分置"改革，以规模化、集约化的农业生产方式为导向，加大原料保障、技改扩能、市场拓展、融资体系、产业集聚等重点环节企业发展的支持，鼓励采取资产转让、股份合作或兼并重组等形式扩大农业企业集团，推动农业龙头企业的壮大发展，增加农业产业化龙头企业的数量，加速企业集群集聚发展，支持有条件的农业龙头企业上市融资，形成从上到下的龙头企业梯队，以龙头带动产业的转型升级。发挥好龙头企业的引领作用，支持龙头企业在技术、资金、信息等方面集聚形成规模优势，增强龙头企业在金融、财政、用地等方面的政策保障力度，将分散的涉农支持项目资金整合到更具创新能力、更具产业带动能力的农业龙头企业发展中，提升龙头企业的产业链综合竞争能力，提升共享农业组织的产业链附加值长远集聚能力。

二、加强新型农业科技教育普及

（一）充实多领域农业产业发展人才储备

加强共享农业组织内新型经营主体人才队伍建设，充分引导大学生、科技人才、企业家等回乡创新创业人员参与共享农业组织建设，提升组织内部从业人员的业务技能，做好高素质农民培训工作，多方位充实共享农业组织发展所需要的人才资源储备。引导龙头企业持续加强与高校、科研院所以及产业技术创新团队的密切合作，创建和培养专业化的农业科技研发队伍，为其他经营主体提供标准化种植、科学防治病虫害、配方施肥、机械化生产等技术服务，普及新品种、新技术、新工艺，推进农业科技成果在共享农业组织内转化。科学设计和广泛支持农业产业融合发展项目，以农业龙头企业为实施载体，提升相关创新基础条件和注重农业、经济、管理等相关综合经营领域的人才引培，力争实现产业链条延伸和资源的全值利用，依托科技创新，提升农业产业化联合体的市场竞争力。

（二）加大农业科技投入和政策宣传普及

在加大农业科技投入的同时，依托农业龙头企业及合作社广泛宣传农业科技进步对增强农业生产效率、提高农产品质量的重要作用，切实创新农业场景应用，增强科技成果的适用性，提高农业科技成果转化率，发展功能农业、数字农业、智慧农业和创意农业等，使先进的技术在生产、运输销售等各个环节都能够发挥最大的作用，形成信息技术带动农业产业融合发展的局面。支持农业龙头企业增加研发投入、建立广泛的农业科技创新合作机制，通过科技研发培育新型农产品、引进高端科技设备推动农业机械化生产，形成有效推动区域特色农业产业扩大经营范围的创新范式，促进农业产业绿色、高附加值发展。大力支持发展农村现代服务业，积极发展农业基层专家工作站、专业协会、研究会、讲习所等科技型组织，打造农业产业化增长新动力。以农业龙头企业及合作社为载体，鼓励基层农业生产活动通过科技进步推动生产进步，结合当地实际情况引入或研发适宜当地生产布局的农用器械，提高播种收割及养殖加工效率。积极推广试点优良种养殖品种，宣传科技进步对选育良种和降低种养殖成本、抵抗病虫害、增加经济效益、环境友好性的突出作用。加大冷链物流技术的引进和相关配套基础设施力度，鼓励不同层级的农业产业化经营主体投入冷链物流建设，充分认识和发挥冷链物流在减少在途农产品耗损中的作用，全力保障农产品精深加工及其他产业链价值的有效挖掘。加快现代通讯及信息技术在现代农业产业发展中的创新应用，鼓励龙头企业积极进行信息网络建设、加强农业信息管理，推进"互联网+农业"，加快建设数字农业基础，针对农业规模较大的作业片区，把网络技术、遥感技术、自动化技术、全球定位系统等应用到大田种植、水产养殖、禽畜养殖中，推广借助农业遥感技术构建农作物生长状况的实时监督机制，逐步实现远程灌溉、喷洒农药、病虫害预警等数字农业管理功能，促进农业转型升级。

三、健全现代农业产业发展基础

（一）健全以土地流转为基础的产业开发机制

切实推动农村土地所有权、承包权、经营权的"三权分置"，健全农村土地流转体制机制，在加快农村土地经营权确权登记的基础上，搭建土地流转的信息共享交流平台，指导建立完善土地流转的工作机制，引导农村土地规范有序流转，从而降低农村土地流转交易成本。鼓励和引导农户采用出让、租赁、作价出资（入股）、转让的方式将所持有的土地承包经营权实现面向新型经营主体的有价流转及科学经营，支持当地在统一规划产业发展模式和方向的基础上，形成土地流转、统一开发和适度经营的商业模式。以土地流转机制的健全完善为基础，探索新情境下的农业经营主体融资方式创新方案，整合涉农资金项目向高质量农业合作组织倾斜，保护土地流转价格，监督土地流转用途，引导传统农户将农地流转或托管给家庭农场和专业大户，保障龙头企业发展所需的建设用地，有效减少农户土地闲置现象、提高土地高质量循环利用价值。

（二）加大农业产业发展的基础设施建设投入

按照农业科技工作的"三性"定位要求，创新投入机制，将农业产业投资纳入各级政府年度财政预算的经常性开支范围，确保农业科技投入稳定增长，解决财政涉农投入的具体落实问题，推动形成涉农投资的稳定增长机制与分类统筹机制，设立基础性、公益性、长期性等不同维度的农业科技创新财政专项资金，构建"农业发展预算"制度，支撑农业科研基础研究、应用基础研究以及农业高新技术、综合技术、关键技术的研究工作。进一步鼓励和引导社会资金、金融资本加大对农业科技创新企业及项目的投融资力度，助力建设主次分明、多元化、多层次、多渠道的农业科技创新投入机制，形成农业产业创新稳定发展的长效机制。整合农业农村基础设施投资，增设农业产业现代化发展专项资金或基金，重点关注运输、电力、通信网络等硬件保障问题，夯实优势区域农业产业的发展基础，切实有效改善农业产业化发展的基础条件。推进各地区现代农业加工业向当地优势产区、物流关键节点集结，推进主要农产品加工企业向重点县城、乡镇、易地扶贫搬迁安置区集中布局，集中资源引导社会投资建设一批农产品加工园区，加强当地农产品开发利用的基础保障。以省级农业科研单位为基础，整合当地农业产业开发资源，推动建立区域农业科技创新联盟，在加大与国内外科研院所和大专院校交流合作的基础上，构建面向区域现代农业产业开发重点领域的技术集成与创新体系，形成加快科技创新和良种良法的创新应用常态推广方案，全面提升区域特色农业产业的科技支撑水平。

第二节　改善共享农业组织间知识共享的对策建议

一、提升组织内部现代治理能力

（一）增强新型农业主体的规范化管理指导

进一步规范农业新型主体的培育指导工作，支持企业建设职权分明的内部管理制度，完善合作经营组织的治理结构，广泛整合资源提供农业创业服务支持，引领构筑多元化的农业产业经营体系。以龙头企业和区域农业公共品牌建设为重点，整合知名高校、咨询机构的决策智慧，完善农业产业生产经营组织形式，加强对龙头企业的农产品营销平台、市场开发体系建设支持，推动共享农业组织构建外向型的现代农业经营体系，探索智慧营销、绿色发展、资产运营方面新发展模式。加强对各类新型经营主体、基层农业科技人员以及农户的专题培训，以相关农业技术、企业管理知识科普为主，相关政策解读和案例宣传为辅，重点提高各类新型经营主体的经营管理和品牌创建能力、基层农技人员的科技服务能力和农户掌握应用现代科技以及营销手段的能力。进一步深化农村金融体制改革，整合银行、保险、财政等多方面的信息资源，创新财政支持政策，在规范农业经营组织、联盟有序经营的基础上，探索共享农业组织在农业保险、基础设施建设等方面的授信、增信支持政策与更能发挥产业链优势的高效率融资工具。持续做好学习型组织建设，切实提升共享农业组织的各方主体知识水平和能力素养，特别是要加强农业企业家的领导力专题培训，培养理解政策导向、积极合法依规办事、广泛联系合作群众、带领乡亲百姓建设家乡故土的企业家精神，共同建设思考企业发展趋势，合理辨识产业发展风险，形成组织内共同关心行业发展、企业发展的统一思想和行动意识。

（二）加快提升基层农业参与主体综合能力

高度重视提高基层农户受教育水平和从业素质对推动农业产业发展的重要作用，以龙头企业及合作社组织的农业社会服务为依托，进一步增加财政补贴、产业扶持、优秀人才奖励等帮扶政策，为增强农户素质能力提供更多有效途径和相关人员经费保障。积极推进新型职业化农业经营人才培育工程，加强新型职业农民人才队伍的建设，以农业龙头企业为依托，增强同合作社的联动服务机制建设，开展科技宣讲、培训活动，提高农民合作社在提升基层农业参与主体综合能力方面的服务能力。鼓励建设共享农业组织的人才流动、互动机制，增强农民合作社的产业链资源整合能力，促进家庭农场进入产前、产后环节，持续提高家庭农场参与农业全产业链经营的能力，面向农业生产效率的提高、业态的丰富，尽快落实农户就业能力、创业能力培训，提高工资性收入在农户收入中的占比，切实增强农业合作经营网络的整体抗风险能力。加快农村劳动力转移就业，促进脱贫人口稳定就业，充分释放农村剩余劳动力的价值，加强农产品精深加工、休闲与乡村旅游、电子商务、商贸物流等领域乡镇企业建设的支持，让更多的农村剩余劳动力从第一产业转移至第二、第三产业，加快建设和完善具有区域特色和优势的农村三产融合机制，为农村剩余劳动力提供稳定的家乡就业环境，创造更多的就业岗位让农民就近转移就业。

二、增强多元主体的利益联结

（一）拓宽多元主体的利益联结渠道

鼓励探索新型的多主体农业合作开发模式，支持新型农业经营主体和小农户以土地、劳动力、资金、设备等入股，以"政府+企业+合作社+家庭农场"四位一体的经营管理模式为基础，强化科研院所、产业协会、电子商务平台等外部力量的参与。重点支持龙头企业牵头发展"订单收购+分红""土地流转+优先雇用+社会保障""农民入股+保底收益+按股分红"等多种利益联结方式，创新双向入股、按股分红与二次利润返还等多种共享模式，为农户提供信贷担保、共同开展农产品销售和品牌运作，深化与农民合作社、家庭农场等前端主体加强利益联结，与农户建立稳定的订单和契约关系，让农户更多地参与并分享产业融合发展的增值收益。以多种形式的合同方式，规范联合体成员经营行为，形成诚信、契约、制度"三结合"的内部治理模式，加强前端生产环节的标准化管理和质量监督控制，加大后端市场经营和金融风险抵御能力建设。鼓励建设共享农业组织的风险共担基金，在增强制度建设和保障的条件下，鼓励各成员单位通过共同出资，建立用于各经营主体生产与经营风险补偿的农业风险保障基金，并形成组织经营风险的预警和管理机制。创新农业多元主体的政策支持方式，将财税支持政策与建立融合发展机制、利益联结机制挂钩，不断完善农业生产经营过程主要补贴内容的投入方式，切实降低基层生产主体农业生产服务的购买成本，引导提高农业机械化水平、信息化水平，有效平衡经营主体间因盈利模式差异带来的合作矛盾。

（二）优化农业合作主体间的利益协调机制

将规范管理为基础的利益协调机制作为共享农业组织协同管理的核心工作，推动形成支持产业链长期稳定发展的利益协同关系。首先，要建立共享农业组织内部沟通协调制度，设立共享农业组织协调委员会，牵头负责相关信息公开、共享和咨询议事程序的制定和完善，平等对待各种类型的合作经营主体，提供双向多途径沟通，统一决策方案、解决组织内冲突的规范方案，逐步实现联合体由松散联合到紧密联结的发展目标。其次，要坚持"风险共担，利益共享，平等互利"的原则，针对"市场定价、价补分离"的农产品价格形成机制转型过程，不断优化共享农业合作组织的收益分配方案，在"保底收入＋二次分红""市场价＋按股分红"等创新方式的基础上，协同推进农业补贴政策改革，形成面向市场行情的分配方案动态调整机制，推动收益保障与风险管控相平衡，降低农业产业在多元化融合经营中的创新发展风险。最后，要鼓励打造共享农业组织内部各经营主体的诚信合作机制，不断提高经营主体的独立发展能力，并通过加强共享农业组织对订单合同的监督管理，形成消除各经营主体违约风险的激励约束机制，增强联合体的凝聚力和经营效益。此外，要积极引导小农户的专业化发展，促进小农户和新型农业经营主体相互合作，在建立多种类型合作方式的过程中，理解和接受日趋市场化的利益分配方式与激励约束机制，推动形成新型农业经营主体和小农户、农村合作社、龙头企业等之间的利益合作基础。

三、推动农业产业多元融合发展

（一）支持以品牌培育为基础的多元农业产业融合主体建设

以共享农业组织形式为参考，探索建设多种类型的农村产业融合模式，重点支持有较强辐射带动力、高产业关联度的主体，鼓励各主体共享资源，结合当地特色优势农业与相关市场资源条件，共同打造有竞争力的综合型农业品牌。拓展有前景的一二三产业融合发展产业链，发展功能农业和创意农业等新业态，形成以企业为主体、科研机构协助、农户共同参与、金融大力支持的农业产业，把农业和旅游业、教育业等产业融合在一起，扩宽发展格局，积极实施农业产业化品牌建设工程，以品牌建设为基础，强化合作规范、开发优质产品、提升产业链价值、凝聚合作发展共识。以品牌建设的共同利益和产业链规范管理需求为纽带，鼓励龙头企业为农民合作社、家庭农场及时提供先进农业技术和充分市场信息，引导农民合作社在稳定农户生产品质和优化龙头企业经营策略的过程中发挥协调沟通作用，增强各经营主体之间围绕特色农业品牌建设的相互交流与融合，提升共享农业组织的综合实力。

（二）推动农村产业加快融合发展

以共享农业组织为基础，在有效延伸产业链、构建完整产业链经营能力的基础上，推动当地形成特色优势农业的产前、产中、产后一体化发展模式。在此基础上，依托现代农业产业园、生态文化产业园、特色产业基地、生态宜居美丽乡村等，加快培育一批农业特色小镇，建设一批农业循环经济试点示范区和田园综合体，创建一批农村产业融合发展示范县、示范园和农业产业强镇，充分整合农业高效率发展带来的资金、人才、技术资源，打造农村旅游、教育、康养等产业融合发展的平台载体，促进农业内部融合、农业关联产业链再度延伸。以构建新型农业社会化电子商务服务体系为目标，鼓励社会创业资源参与农业创业生态建设，以多种形式的新型农业流通业态为载体，支持开展农业生产租赁、农产品个性化定制、会展农业等新兴业态创新实践。在促进农业生产经营活动高质量发展的同时，统筹财政、市场资源，一体化推进农村森林景观、田园风光、村落民俗、山水资源、民族特色和乡村文化的品牌化开发，加速现代农业及农村建设同旅游、教育、文化、健康养生等产业的深度融合，让产区变景区、田园变公园、农房变客房、产品变商品，将农村打造为我国新时期经济社会发展的优势集中区。

第三节　增强共享农业组织外部环境适应的对策建议

一、创新多导向的农业企业扶持政策

（一）创新共享农业组织的分类支持政策

结合不同区域、产业的发展进程，对共享农业组织培育工作做好顶层设计，从推动企业内生能力建设、构筑企业外生发展优势两个维度，积极统筹财政、社会资源，充分发挥共享农业组织在区域农业产业现代化发展和乡村振兴战略中的突出作用。一方面，要重视处于发展初期、具备特定领域农业生产组织优势的新兴龙头企业培育工作，不断完善建设用地、配套设施用地、承包土地流转等方面的政策支持体系，创新实践项目补贴和政府购买等支持途径，降低共享农业组织的创新成本和协同创新成本，增强农业龙头企业在不确定经营环境中的稳定经营能力，有效稳定合作经营中多元主体的发展信心。另一方面，要进一步提高工商部门和市场主体对共享农业组织性质的认知水平，重视具有良好产业基础和转型发展优势的龙头企业，开展赋予农业产业化联合体法人地位和建立统一财务账户的试点，帮助共享农业组织打造产业链、价值链为

基础的新型商业模式，发挥骨干龙头企业规模大、效益好、带动能力强的作用，提升多方参与主体的凝聚力，有效发挥农业产业化龙头企业在共享农业组织发展过程中的引领作用，鼓励其加大对相关重要农业产业配套主体的投资支持与联合发展，加快驱动农业产业现代化转型升级。

（二）创新共享农业组织的金融保险服务政策

建议地方政府主动协调农村金融机构创新信贷产品，针对处于不同发展阶段的共享农业组织完善形成更具针对性的金融保险服务政策，支持设立共享农业组织的内部担保基金，并结合共享农业组织的资金实力、信用风险等相关影响因素，确定授信额度及方式，为共享农业组织中的各个经营主体提供差异化的资金服务。一方面，针对共享农业组织在发展初期缺少必要抵押物的实际情况，建议考虑将经济林权、土地承包经营权、大型农业机械设备作为抵押物的可行方案，积极探索针对该阶段共享农业组织的抵押和质押方式，解决共享农业组织在发展初期的融资困难问题。另一方面，针对具备较好发展基础与稳定、规模化经营业务的共享农业组织，建议围绕其实际经营状况加大相关政策性保险的投入力度，发挥政府财政资金的引导和杠杆作用，从产业链、价值链重要性的角度，为共享农业组织的不同参与主体提供差异化的保险服务，进一步采取财政贴息、融资担保、扩大抵押物范围、简化贷款程序等综合措施[1]，创新形成符合产业链价值共创属性的金融服务产品，提升共享农业组织的风险抵御能力。

二、完善共享农业组织的税收优惠政策

（一）优化共享农业组织的所得税与增值税政策

通过优化共享农业组织的所得税与增值税政策，切实降低共享农业

---

① 李腾. 农业产业化联合体融资模式研究 [J]. 中国中小企业，2020（6）：187-188.

组织的发展成本，提升企业经营绩效。一方面，扩大税收优惠政策范围，将更多的农业龙头企业纳入税收优惠政策范围之内，降低所得税优惠政策认定标准，增加享受减免税的企业种类，对于属于重点鼓励发展产业目录范围之内的农产品深加工龙头企业全面落实所得税减免优惠政策，对于农业产业化联合体内部经营主体有重大改造、创新生产工艺、延伸下游产业链条的企业，争取将企业该纳入享受减免税的范畴之内，并给予一定的所得税减免①，以支持农业产业化联合体内部创新。另一方面，积极鼓励和支持共享农业组织与国外先进企业进行合作和交流，鼓励农业龙头企业向农产品深加工方向转型，引进先进的管理经验和技术，并增加对农业龙头企业农产品深加工的增值税政策优惠，增加对部分养殖业和销售鲜活农产品深加工免交增值税的政策，同时也建议对生产者给予进项税额抵扣优惠，享受出口退税政策。

（二）优化共享农业组织及其服务主体的营业税政策

通过优化共享农业组织及相关服务主体的营业税政策，切实降低共享农业组织的发展成本，提升企业经营绩效。一方面，对金融机构减免税的范畴进行调整，建议政府相关部门与金融机构协商，针对商业银行为共享农业组织提供贷款所取得的利息收入给予部分营业税减免。提供较低利率的商业银行在为共享农业组织提供定额度贷款之后，也可以减免部分营业税，同时对于支持共享农业组织发展成立的新的农村金融机构，可以给予一定时期的营业税和所得税减免②，以此鼓励农村金融机构积极创新方式方法为共享农业组织提供金融服务，推动企业发展壮大。另一方面，建议各地结合本区域农业产业化发展的实际情况，将为共享农业组织提供服务取得的收入免征营业税，对于农产品深加工、农

---

① 练晓月，常平平. 新时代农业产业化联合体培育的财税政策支持研究［J］. 农业经济，2021（1）：97-99.

② 农业农村部，国家发展改革委，财政部，等. 关于促进农业产业化联合体发展的指导意见［J］. 当代农村财经，2017（12）：38-41.

机作业维修、农业社会化服务等项目取得的所得税给予一定的减免，并进一步扩大涉农服务税收优惠范围[1]，将农业技术推广、农业技术开发、农业技术咨询等所取得的农业税纳入减免范围之内，通过优化营业税政策，更好地引导本地区共享农业组织发展。

三、补充农业产业发展的相关社会服务

（一）加快建设冷链仓储物流平台

高度重视冷链物流体系在农业产业化发展中的重要作用，依据各地区实际情况，加快建设现代化的冷链仓储物流体系，打造区域性国际先进冷链仓储物流中心，为农业产业现代化建设提供有力的硬件支撑，将特色农产品流通成本降低到全国平均水平以下，切实减少相关农业产业经营主体承担的物流成本。一方面，加大建设规划与财政引导，加快形成布局合理、覆盖广泛、衔接顺畅的冷链基础设施网络，统筹考虑已有的公路网、铁路网、新增支线机场及电商企业布局，形成以点带面的冷链物流建设推进机制，完善仓储物流设施，加快各类冷链物流设施建设。围绕特色农产品生产基地和区域主要物流节点，支持相关企业改造和建设一批设备先进、节能环保、高效适用的冷库，并增强政策引导与行业规范建设，加强低温配送处理中心、生鲜农产品销售网络体系和运输车辆及制冷设备建设在农业生产加工及存储运输中的系统应用。另一方面，加快培育一批与现代农产品流通相适应的冷链物流企业，推进县级物流集散中心建设，支持农产品产地和部分田头市场建设规模适度的初加工冷链设施，加快补齐农产品产地"最先一公里"短板。

（二）系统建设可追溯监管平台

系统建设从生产基地到市场销售全过程的农产品质量安全检测、追

---

[1] 倪向丽. 关于西部地区特色产业培育与财税扶持政策的思考 [J]. 金融经济, 2018 (2)：17-19.

溯和监管体系，为推动共享农业组织标准化管理，增强农业产业链运作信息驱动提供载体和导向。一方面，按照我国对食品安全追溯体系的相关建设要求，统一追溯模式、统一业务流程、统一编码规则，加快县、乡级农产品质量安全公共服务机构建设，增加相关人力、物力和财力保障，推进检验检测资源整合，尽快形成有效的检验检测功能配套条件。另一方面，健全农产品质量和食品安全监管体制，强化风险管理和属地责任，在农业企业扶持和优质品牌评选推荐过程中，将农产品加工经营主体纳入省级食品质量安全追溯体系并予以重点监管，对相关奖励、激励机制的参评实施一票否决制，构建统一管理、共同实施、权威公信、通用互认的质量认证体系，并逐步在农业龙头企业和重点农业基地推广落实。创新农产品认证监管和激励约束机制，建立食品安全黑名单制度，实现农业龙头企业自发驱动、社会广泛参与的特色农产品农业投入过程、生产过程、流通过程全程追溯机制。

第四节　本章小结

依据第四、五、六章对共享农业组织内部创新效能集聚机制、组织间知识共享机制、组织外部环境适应机制的理论分析与实证研究，本章分别对三个机制建设的重点方向思考提出了针对性对策建议。在推动共享农业组织内部创新效能集聚方面，加快培育多元产业融合主体、加强新型农业科技教育普及、健全现代农业产业发展基础，是响应多主体智力资本差异、农业产业化市场竞争情境，发挥创业网络中心性对改善共享农业组织内部效能集聚效果的重要方向；在改善共享农业组织间知识共享方面，提升组织内部现代治理能力、增强多元主体的利益联结、推动农业产业多元融合发展，是响应创业模式融合方式、领导风格特征，发挥创业网络规模对改善共享农业组织间知识共享效果的重要方向；在增强共享农业组织外部环境适应方面，创新多导向的农业企业扶持政策、完善共享农业组织的税收优惠政策、补充农业产业发展的相关社会服务，是响应网络关系治理导向、创业绩效特征，发挥创业网络强度对改善共享农业组织外部环境适应效果的重要方向。

政府决策部门应高度重视共享农业组织对农业产业化组织创新和乡村产业振兴的重要意义，继续稳步推进相关经营主体的培育和建设工作，以构建政府引导、农民主体参与、企业引领、科研协同、金融助力的共享农业组织发展格局，形成分类指导、精准施策的政策完善策略，加快形成支持我国共享农业组织发展的政策支持体系。据此，本章所提出的相关对策建议，能够为共享农业组织不断完善内部效能集聚机制、知识共享机制和环境适应机制提供一定的实践指导价值，有助于提升相关主管部门对共享农业组织的认识，推动共享农业组织的宣传、培育、建设和管理工作的进展，要因地制宜制定共享农业组织及相关管理工作的地方标准，规范企业发展方式、降低企业经营成本、改善企业经营绩效，加快实验试点和示范，有效建设一批高质量发展的共享农业组织，发挥其对当地农业产业现代化发展的示范引领和带动作用。

第八章

结论与展望

第一节　研究结论

多年来，我国农业产业化快速发展，衍生出了多种形式的农业合作经营组织，极大丰富了我国农业发展的组织保障。回顾发展历程，农业及其产业化经营是实现农、工、商一体化，产、加、销一条龙的发展过程，先后出现了"公司+农户""公司+农民合作社（中介组织）+农户"等传统农业产业组织模式。在我国农村经济不断发展、农业市场不断壮大的情况下，传统农业产业组织模式已经不能适应市场变化：农业经营组织分散、合作关系脆弱，加上农村劳动力不足、金融供需不匹配、市场信息不畅通，导致经营组织间存在很高的交易费用，面临着很大的市场风险。这一情境下，农业产业现代化发展面临诸多困难国家因此不断出台政策培育新型农业经营主体，构建新型农业经营体系，鼓励多种经营主体以契约的形式在要素、生产和利益上相互联结，逐渐走向联合与共享。因此，近年来共享型农业组织——农业产业化联合体的升级版逐渐涌现，成为整合互联网经济、发挥产业链价值、有效激发农业产业开发活力、促进农业增效和农民增收的重要载体，得到了业界和学术界的广泛关注。

考虑到共享农业组织仍处于推广实践初期，其在内部管理机制完善方面仍存在诸多亟待关注和解决的多主体协同管理现实问题，因此本研究聚焦共享农业组织的协同创新机制研究，具有重要的研究意义。本研究通过对共享农业组织主要发展特征的分析，发现共享农业组织的产生主要受到政策驱动力、市场驱动力、企业内部驱动力的共同影响，产业联结、要素联结、利益联结是共享农业组织的主要共享特质，这几个主要特质分别关注了农业创业网络环境中组织整体经济效益提升、规模集聚效应与竞争力提升、社会利益保障的共享发展内涵。因此本研究主要基于创业网络的视角，结合相关企业协同管理要点，探讨了共享农业组织在组织内部创新效能集聚、组织间知识共享、组织外部环境适应三个重要管理过程中的潜在管理机理。据此，本研究基于文献梳理与实证研究所得到的研究结论，能够为进一步优化共享农业组织的治理决策机制、协同合作机制、风险管控机制和收益协调机制等重要管理内容提供一定理论支撑，所提出的相关对策建议能够为相关政府及农业管理部门优化农业要素资源配置提供实践参考。

本研究的主要研究内容和结论具体如下：

首先，针对共享农业组织的特殊经营情境，借鉴创业网络理论从点度中心性、中介中心性两个方面梳理了创业网络中心性的内涵及分析维度，据此解析了它对共享农业组织内部创新效能集聚的影响，并探讨了组织层面智力资本差异的中介作用以及竞争强度对上述内容的调节作用。创业网络对农业创业企业绩效的影响研究得到了广泛关注，但现有成果未有面向农业创业过程探讨组织间创新绩效的形成机理与实现条件，特别是尚未针对农业经营多元参与主体的显著差异属性，探讨组织内部创新效能的集聚机制。本研究在构建上述理论模型的基础上，基于206份样本的实证分析表明：创业网络点度中心性和创业网络中介中心性均正向影响共享农业组织的内部创新效能集聚，组织中的智力资本差异在创业网络中心性促进共享农业组织内部创新效能集聚的过程中起中介作用，竞争强度对创业网络中心性与共享农业组织内部创新效能集聚的调节作用通过智力资本差异产生影响。

其次，针对共享农业组织的特殊经营情境，梳理了农业创业网络规模的内涵及分析维度，解析了不同创业网络规模对共享农业组织间知识共享的影响，探讨了合伙、协作两种创业模式融合方式在其中的中介作用，并面向变革型和交易型两种不同的领导风格分析了对上述作用过程的调节效应。创业网络促进农业创业企业知识共享的研究具有重要价值，但现有进展未有面向该作用过程形成影响机理的分析成果，本研究在构建上述理论模型的基础上，基于 212 份样本的实证分析表明：低、高创业网络规模均正向影响共享农业组织间的创新知识共享，创业模式融合方式在创业网络规模促进共享农业组织间创新知识共享的过程中起中介作用，变革型领导风格正向调节合伙式创业模式融合方式对共享农业组织间促进作用创新知识共享，交易型领导风格正向调节协作式创业模式融合方式对共享农业组织间促进作用创新知识共享。

最后，借鉴农业创业、创业网络理论梳理了共享农业组织的创业网络强度、网络关系治理导向、外部环境适应与创业绩效的内涵及分析维度，解析构建了强关系、弱关系对共享农业组织外部环境适应作用的主效应、中介效应与调节效应理论模型。创业网络强度对共享农业组织的外部环境适应性具有重要影响，但现有研究未有关注该理论研究要点形成系统成果，本研究在构建上述理论模型的基础上，以 219 份云南省共享农业组织为样本的实证分析表明：强关系、弱关系创业网络均正向影响共享农业组织的外部环境适应，内部主导、外部主导两类创业网络关系治理导向分别在强、弱创业网络强度促进共享农业组织外部创新环境适应的过程中起中介作用，主观创业绩效正向调节外部主导下的弱网络关系治理对共享农业组织的外部环境适应，客观创业绩效在内部主导下强网络关系治理对共享农业组织外部环境适应中的调节作用不显著。

第二节 研究展望

受客观条件限制，本研究的局限与后期研究方向有以下几点：

一、由于样本数量有限，且受到地域限制，本研究只针对云南省内的共享农业组织了进行问卷调查和实地访谈，未有涉及其他省份的相关研究，因此有可能降低研究设计的外部效度，因此后续研究可拓展调查区域，探讨其他地区的共享农业发展过程，增加不同区域的对比，增强研究结论的普适性，使相关研究结论更加完善。

二、本研究采用截面数据关注了静态比较意义上的创新效能集聚、知识共享与外部环境适应三大机理研究，但碍于客观条件，研究未能够从三者本身存在的周期性匹配关系入手，因此对于相关机制中共享农业组织发展的动态变化问题研究缺乏相应的研究，后续研究可纵向研究共享农业组织周期性变化及其中涌现的多层次变化，并进一步研究三大机制的可能变化边界。

三、虽然本研究采用问卷实证研究法，得到了具有统计意义的研究结论，但研究过程中发现各地的共享农业组织建设呈现出了较多的典型性和差异性。由于研究精力有限，本研究并未对共享农业组织进行具体划分，比如经营模式、特定经营领域等因素仍具有深入开展分类研究的必要性，因此后续研究可以根据共享农业相关特征进行具体划分并开展影响机理分析。

四、关于共享农业的研究，现有研究处于初级阶段，相关研究的直接成果较少，且主要集中在案例介绍、经验总结归纳方面，成体系的规范研究成果较少，因此后续研究可在本研究关注的创新效能集聚、知识共享、外部环境适应机制的研究基础上，围绕共享农业其他特征，如资源整合、政策适应、创业绩效等方面进行进一步探讨。

附录　调查问卷

尊敬的女士、先生：

您好！

非常感谢您在百忙之中参与本问卷的调查。本问卷旨在研究目前共享农业创新创业的现状，调查结果仅供改善农业创业的绩效。您提供的信息我们都将严格保密，不会对您和贵公司造成任何影响，所有个人信息都不会公开或呈现在研究报告中，敬请放心。您的参与就是对我们研究的重要贡献，请您根据实际情况或想法如实回答，不需署名。

祝您宏图大展，公司日新月异！谢谢合作！

第一部分　背景资料

注：请按照实际情况填写。如没有特殊标明"可多选"，本部分的问题均为单选题。

（一）被访者信息

1. 您的性别：

A. 男　　　　　　B. 女

2. 您的年龄

A. 25 岁及以下   B. 26-35 岁

C. 36-45 岁   D. 46 岁及以上

3. 您的最高学历：

A. 高中及以下   B. 大专（高职）

C. 本科   D. 硕士及以上

4. 您的专业背景：

A. 理工科   B. 经济管理类

C. 文史哲等社会学科   D. 其他

5. 创业之前您的职业是：

A. 务农   B. 务工

C. 上学   D. 其他_____

6. 之前的工作经验与当前公司业务的相关程度：

A. 无关   B. 有点相关

C. 一般   D. 比较相关

E. 非常相关

7. 您的父母、家人或好朋友是否有创业经历：

A. 是   B. 否

8. 您是否在企业中拥有股份，比例是多少：

A. 30% 及以下   B. 31%-50%

C. 51%-99%   D. 100%

（二）企业信息

9. 您的职务是：

A. 管理者   B. 销售人员

C. 生产者   D. 其他_____

10. 公司所属行业是：

A. IT/互联网/通信行业   B. 传媒/印刷/艺术/设计业

C. 服务业   D. 采购/贸易/交通/物流行业

E. 生产/制造业   F. 生物/医药业

11. 企业规模（员工数）：

A. 小于等于 20 人   B. 21-50 人

C. 51-100 人   D. 101-150 人

E. 151 人及以上

12. 公司资产规模：

A. 20 万以下   B. 20 万-50 万

C. 50 万-100 万   D. 100 万-500 万

E. 500 万以上

13. 销售额：

A. 50 万以下   B. 50 万—300 万

C. 300 万—1000 万   D. 1000 万—1500 万

F. 1500 万及以上

14. 企业年龄：

A. 1 年以下   B. 1 年—3 年

C. 4 年—5 年   D. 5 年以上

15. 行业竞争程度：

A. 非常低   B. 较低

C. 一般   D. 较高

F. 非常高

第二部分 创业网络调查

注：请按照标准尺度，在每题的选项中选出最能表达您想法的选项，均为单选题。

（一）创业网络中心性

1. 企业在创业网络中具有相对核心的位置与重要性

A. 完全不符合　　　　　　B. 不太符合

C. 不确定　　　　　　　　D. 比较符合

E. 完全符合

2. 企业在创业网络中具备协同控制优势

A. 完全不符合　　　　　　B. 不太符合

C. 不确定　　　　　　　　D. 比较符合

E. 完全符合

3. 企业的网络控制能力在提高，且改善了组织对网络外部环境的适应性、组织内部对外部竞争反应的敏捷程度。

A. 完全不符合　　　　　　B. 不太符合

C. 不确定　　　　　　　　D. 比较符合

E. 完全符合

4. 企业在向网络核心位置靠近，且保障了创业过程中的机会识别、优势搜寻与组织间绩效传递机制。

A. 完全不符合　　　　　　B. 不太符合

C. 不确定　　　　　　　　D. 比较符合

E. 完全符合

5. 企业处于网络核心地带，且提高了自身的资源使用率，增强了资源共享程度。

A. 完全不符合 　　　　　　B. 不太符合

C. 不确定 　　　　　　　　D. 比较符合

E. 完全符合

6. 企业处于网络核心地带，且信息搜索成本显著降低，增强了自身的传递信息的能力。

A. 完全不符合 　　　　　　B. 不太符合

C. 不确定 　　　　　　　　D. 比较符合

E. 完全符合

7. 企业能够基于组织认同和市场占优策略同网络中的核心企业建立密切联系。

A. 完全不符合 　　　　　　B. 不太符合

C. 不确定 　　　　　　　　D. 比较符合

E. 完全符合

8. 企业所拥有的关键资源会使合作者及时获取正面绩效反馈与市场地位认同。

A. 完全不符合 　　　　　　B. 不太符合

C. 不确定 　　　　　　　　D. 比较符合

E. 完全符合

（二）创业网络规模

1. 我经常与亲戚朋友进行交流。

A. 完全不符合 　　　　　　B. 不太符合

C. 不确定 　　　　　　　　D. 比较符合

E. 完全符合

2. 我经常与同事进行交流。

A. 完全不符合   B. 不太符合

C. 不确定   D. 比较符合

E. 完全符合

3. 我经常与合作伙伴进行交流。

A. 完全不符合   B. 不太符合

C. 不确定   D. 比较符合

E. 完全符合

4. 我能够通过合适的方式发泄负面情绪。

A. 完全不符合   B. 不太符合

C. 不确定   D. 比较符合

E. 完全符合

5. 我较多的与各级政府负责人及工作人员进行交流。

A. 完全不符合   B. 不太符合

C. 不确定   D. 比较符合

E. 完全符合

6. 我比较成熟理智并善于重新理解环境规则。

A. 完全不符合   B. 不太符合

C. 不确定   D. 比较符合

E. 完全符合

7. 我经常积极搜寻、识别和利用最具市场优势的商机。

A. 完全不符合   B. 不太符合

C. 不确定   D. 比较符合

E. 完全符合

8. 我能够主动协调好同合作伙伴的关系并获取关键经营信息。

A. 完全不符合　　　　　　B. 不太符合

C. 不确定　　　　　　　　D. 比较符合

E. 完全符合

（三）创业网络强度

1. 我们公司与合作伙伴之间合作很频繁。

A. 完全不符合　　　　　　B. 不太符合

C. 不确定　　　　　　　　D. 比较符合

E. 完全符合

2. 我们公司与重要的合作伙伴之间相互信任。

A. 完全不符合　　　　　　B. 不太符合

C. 不确定　　　　　　　　D. 比较符合

E. 完全符合

3. 我们公司非常认同重要合作伙伴的战略。

A. 完全不符合　　　　　　B. 不太符合

C. 不确定　　　　　　　　D. 比较符合

E. 完全符合

4. 我们公司的重要合作伙伴对公司的业务发展提供了很大的帮助。

A. 完全不符合　　　　　　B. 不太符合

C. 不确定　　　　　　　　D. 比较符合

E. 完全符合

第三部分　智力资本差异性调查

注：请按照标准尺度，在每题的选项中选出最能表达您想法的选项，均为单选题。

（一）创新合作意愿

1. 创始人或管理者在识别团队成员、选择合作伙伴方面的意向差异显著。

A. 完全不符合　　　　　　B. 不太符合

C. 不确定　　　　　　　　D. 比较符合

E. 完全符合

2. 企业在培养良好合作规则与营造合作氛围方面没有统一的看法。

A. 完全不符合　　　　　　B. 不太符合

C. 不确定　　　　　　　　D. 比较符合

E. 完全符合

（二）风险偏好

1. 创始人或管理者对待抢抓机遇、共担风险的态度不一致。

A. 完全不符合　　　　　　B. 不太符合

C. 不确定　　　　　　　　D. 比较符合

E. 完全符合

2. 创始人或管理者对介入新兴市场与创业活动的积极性存在差别。

A. 完全不符合　　　　　　B. 不太符合

C. 不确定　　　　　　　　D. 比较符合

E. 完全符合

（三）创业能力

1. 创始人或管理者在发现新市场、引进新技术和开发新产品（服务）方面的主动竞争能力差距明显。

A. 完全不符合   B. 不太符合

C. 不确定   D. 比较符合

E. 完全符合

2. 创始人或管理者在执行力、沟通协调控制力与市场营销能力等方面差距明显。

A. 完全不符合   B. 不太符合

C. 不确定   D. 比较符合

E. 完全符合

第四部分　共享农业组织内部创新效能集聚调查

注：请按照标准尺度，在每题的选项中选出最能表达您想法的选项，均为单选题。

（一）创新能力

1. 公司的产品和服务具有创新性。

A. 完全不符合   B. 不太符合

C. 不确定   D. 比较符合

E. 完全符合

2. 公司内部这些年产生了许多优秀的创意或新点子。

A. 完全不符合   B. 不太符合

C. 不确定   D. 比较符合

E. 完全符合

3. 公司内部的信息传播利用比较高效。

A. 完全不符合   B. 不太符合

C. 不确定   D. 比较符合

E. 完全符合

4. 这几年公司内部成员的能力普遍获得了提升。

A. 完全不符合   B. 不太符合

C. 不确定   D. 比较符合

E. 完全符合

（二）创新生产力

1. 公司的创新产品、创新服务数量较多。

A. 完全不符合   B. 不太符合

C. 不确定   D. 比较符合

E. 完全符合

2. 公司对"互联网+农业"的业态创新有积极贡献。

A. 完全不符合   B. 不太符合

C. 不确定   D. 比较符合

E. 完全符合

3. 公司的专利创意成果数量丰富。

A. 完全不符合   B. 不太符合

C. 不确定   D. 比较符合

E. 完全符合

4. 公司产品或服务的客户满意度较高。

A. 完全不符合　　　　　　B. 不太符合

C. 不确定　　　　　　　　D. 比较符合

E. 完全符合

第五部分　竞争强度调查

注：请按照标准尺度，在每题的选项中选出最能表达您想法的选项，均为单选题。

1. 行业内经常有强大的竞争者闯入。

A. 完全不符合　　　　　　B. 不太符合

C. 不确定　　　　　　　　D. 比较符合

E. 完全符合

2. 企业对行业的市场竞争情况难以预测。

A. 完全不符合　　　　　　B. 不太符合

C. 不确定　　　　　　　　D. 比较符合

E. 完全符合

3. 企业同竞争对手之间的竞争越来越激烈。

A. 完全不符合　　　　　　B. 不太符合

C. 不确定　　　　　　　　D. 比较符合

E. 完全符合

第六部分　共享农业组织间知识共享调查

注：请按照标准尺度，在每题的选项中选出最能表达您想法的选
项，均为单选题。

1. 公司与合作伙伴经常交流产品技术相关的知识。

A. 完全不符合　　　　　　　B. 不太符合

C. 不确定　　　　　　　　　D. 比较符合

E. 完全符合

2. 公司与合作伙伴经常交流生产流程相关的知识。

A. 完全不符合　　　　　　　B. 不太符合

C. 不确定　　　　　　　　　D. 比较符合

E. 完全符合

3. 通过合作获取的知识和技术，大家都能够理解并熟练操作。

A. 完全不符合　　　　　　　B. 不太符合

C. 不确定　　　　　　　　　D. 比较符合

E. 完全符合

4. 通过合作获取的知识和技术，有利于合作项目的进展。

A. 完全不符合　　　　　　　B. 不太符合

C. 不确定　　　　　　　　　D. 比较符合

E. 完全符合

5. 合作各方能够快速及时地分配合作所需要的知识和技术。

A. 完全不符合　　　　　　　B. 不太符合

C. 不确定　　　　　　　　　D. 比较符合

E. 完全符合

第七部分　创业模式融合方式调查

注：请按照标准尺度，在每题的选项中选出最能表达您想法的选项，均为单选题。

1. 通过与相关单位或人员协作能够解决创业过程中出现的短期技术装备问题。

A. 完全不符合　　　　　　B. 不太符合

C. 不确定　　　　　　　　D. 比较符合

E. 完全符合

2. 通过与相关单位或人员协作能够解决创业过程中出现的中短期功能业务问题。

A. 完全不符合　　　　　　B. 不太符合

C. 不确定　　　　　　　　D. 比较符合

E. 完全符合

3. 通过与相关单位或人员协作能够解决创业过程中出现的中长期策略转型问题。

A. 完全不符合　　　　　　B. 不太符合

C. 不确定　　　　　　　　D. 比较符合

E. 完全符合

4. 通过与相关单位或人员协作能够迎合市场发展需求。

A. 完全不符合　　　　　　B. 不太符合

C. 不确定　　　　　　　　D. 比较符合

E. 完全符合

5. 合伙创业能够满足我的短期物质及精神需要。

A. 完全不符合　　　　　　　B. 不太符合

C. 不确定　　　　　　　　　D. 比较符合

E. 完全符合

6. 合伙创业能够帮助我同外部网络中的单位或个人进行联系。

A. 完全不符合　　　　　　　B. 不太符合

C. 不确定　　　　　　　　　D. 比较符合

E. 完全符合

7. 通过合伙人我能够获得有关创新技术、商业模式与创业观念等方面的重要资源。

A. 完全不符合　　　　　　　B. 不太符合

C. 不确定　　　　　　　　　D. 比较符合

E. 完全符合

8. 在合作过程中我们能够保持互相信任。

A. 完全不符合　　　　　　　B. 不太符合

C. 不确定　　　　　　　　　D. 比较符合

E. 完全符合

第八部分　组织领导风格调查

注：请按照标准尺度，在每题的选项中选出最能表达您想法的选项，均为单选题。

1. 领导或主管对工作热情投入，具有较强的事业心和进取心。

A. 完全不符合　　　　　　　　B. 不太符合

C. 不确定　　　　　　　　　　D. 比较符合

E. 完全符合

2. 领导或主管能够给员工指明奋斗目标和前进方向。

A. 完全不符合　　　　　　　　B. 不太符合

C. 不确定　　　　　　　　　　D. 比较符合

E. 完全符合

3. 领导或主管能够引导员工从不同的角度解决问题。

A. 完全不符合　　　　　　　　B. 不太符合

C. 不确定　　　　　　　　　　D. 比较符合

E. 完全符合

4. 领导或主管愿意花时间指导员工，为员工答疑解惑。

A. 完全不符合　　　　　　　　B. 不太符合

C. 不确定　　　　　　　　　　D. 比较符合

E. 完全符合

5. 领导或主管经常对员工的成就给予奖励。

A. 完全不符合　　　　　　　　B. 不太符合

C. 不确定　　　　　　　　　　D. 比较符合

E. 完全符合

6. 领导或主管经常为员工提供支持以协助员工完成工作。

A. 完全不符合　　　　　　　　B. 不太符合

C. 不确定　　　　　　　　　　D. 比较符合

E. 完全符合

7. 领导或主管对员工的失误、不规范行为和例外错误非常关注。

A. 完全不符合　　　　　　　　B. 不太符合

C. 不确定   D. 比较符合

E. 完全符合

8. 领导或主管会集中大量精力来处理偏差、紧急问题等例外工作。

A. 完全不符合   B. 不太符合

C. 不确定   D. 比较符合

E. 完全符合

第九部分 共享农业组织外部创新环境适应性调查

注：请按照标准尺度，在每题的选项中选出最能表达您想法的选项，均为单选题。

1. 在不确定性外部创新环境下，具有新产品或服务开发的能力。

A. 完全不符合   B. 不太符合

C. 不确定   D. 比较符合

E. 完全符合

2. 在不确定性外部创新环境下，具有风险承担的能力。

A. 完全不符合   B. 不太符合

C. 不确定   D. 比较符合

E. 完全符合

3. 在不确定性外部创新环境下，具有进行技术创新的能力。

A. 完全不符合   B. 不太符合

C. 不确定   D. 比较符合

E. 完全符合

4. 在不确定性外部创新环境下，具有制定并完成创业目标的能力。

A. 完全不符合　　　　　　B. 不太符合

C. 不确定　　　　　　　　D. 比较符合

E. 完全符合

第十部分　网络关系治理调查

注：请按照标准尺度，在每题的选项中选出最能表达您想法的选项，均为单选题。

1. 在团队合作中，合理协调自身工作内容很重要。

A. 完全不符合　　　　　　B. 不太符合

C. 不确定　　　　　　　　D. 比较符合

E. 完全符合

2. 鼓励团队成员合作互信是重要的管理内容。

A. 完全不符合　　　　　　B. 不太符合

C. 不确定　　　　　　　　D. 比较符合

E. 完全符合

3. 团队成员的创新精神和质疑意识值得着重培养。

A. 完全不符合　　　　　　B. 不太符合

C. 不确定　　　　　　　　D. 比较符合

E. 完全符合

4. 塑造并强调宏大创业愿景的作用很突出。

A. 完全不符合　　　　　　B. 不太符合

C. 不确定　　　　　　　　D. 比较符合

E. 完全符合

5. 外部的挑战有助于激励团队成员主动改善工作能力。

A. 完全不符合　　　　　　　B. 不太符合

C. 不确定　　　　　　　　　D. 比较符合

E. 完全符合

6. 建立承诺和约束团队成员创新是应对创业环境变化的重要内容。

A. 完全不符合　　　　　　　B. 不太符合

C. 不确定　　　　　　　　　D. 比较符合

E. 完全符合

第十一部分　创业绩效调查

1. 企业创新的产品和服务具有创新性。

A. 完全不符合　　　　　　　B. 不太符合

C. 不确定　　　　　　　　　D. 比较符合

E. 完全符合

2. 企业在经营中产生了许多优秀的创意或新点子。

A. 完全不符合　　　　　　　B. 不太符合

C. 不确定　　　　　　　　　D. 比较符合

E. 完全符合

3. 企业内信息传播利用高效。

A. 完全不符合　　　　　　　B. 不太符合

C. 不确定　　　　　　　　　D. 比较符合

E. 完全符合

4. 企业成员的创业能力获得显著提高。

A. 完全不符合   B. 不太符合

C. 不确定   D. 比较符合

E. 完全符合

5. 企业创新产品或服务数量增长情况良好。

A. 完全不符合   B. 不太符合

C. 不确定   D. 比较符合

E. 完全符合

6. 企业在行业内的市场占有率较高。

A. 完全不符合   B. 不太符合

C. 不确定   D. 比较符合

E. 完全符合

7. 企业获得的授权或发明专利数量较多。

A. 完全不符合   B. 不太符合

C. 不确定   D. 比较符合

E. 完全符合

8. 企业产品或服务的客户满意度较高。

A. 完全不符合   B. 不太符合

C. 不确定   D. 比较符合

E. 完全符合

问卷到此结束，再次感谢您的支持！

参考文献

一、中文参考文献

[1] 蔡海龙,关佳晨. 不同经营规模农户借贷需求分析 [J]. 农业技术经济, 2018 (4): 90-97.

[2] 曾定茜,阮银兰. 农村产业经济融合视角下农业产业联合体建设实践探索 [J]. 农业经济, 2020 (8): 9-11.

[3] 陈冬生. 大数据在休闲农业中的应用研究 [J]. 中国农业资源与区划, 2018, 39 (5): 208-212.

[4] 陈冬雪. 农业产业化联合体与农业高质量发展的内在关联与对策建议 [J]. 农业与技术, 2020, 363 (22): 170-173.

[5] 陈寒松,贾竣云,王成铖,等. 创业失败何以东山再起?——观察学习视角的农业创业多案例研究 [J]. 管理评论, 2020, 32 (5): 307-322.

[6] 陈良正,陈蕊,王雪娇,等. 云南省高原特色农业产业政策创新探析 [J]. 江西农业学报, 2019, 31 (11): 142-149.

[7] 成灶平. 农业产业化联合体管理协同机制研究 [J]. 北京农业职业学院学报, 2021, 35 (1): 23-29.

[8] 窦祥铭,陈晨,彭莉. 推进农村一二三产业融合发展的典型

模式探讨——以安徽省宿州市现代农业产业化联合体为例 [J]. 陕西行政学院学报, 2018, 32 (2): 106-110.

[9] 高琳. 网络环境下农产品的市场营销策略探究 [J]. 农业经济, 2018 (7): 137-138.

[10] 高山行, 肖振鑫, 高宇. 企业制度资本对新产品开发的影响研究——市场化程度与竞争强度的调节作用 [J]. 管理评论, 2018, 30 (9): 110-120.

[11] 韩炜, 杨婉毓. 创业网络治理机制、网络结构与新企业绩效的作用关系研究 [J]. 管理评论, 2015, 27 (12): 65-79.

[12] 郝喜玲, 张玉利, 刘依冉. 创业失败学习对新企业绩效的作用机制研究 [J]. 科研管理, 2017, 38 (10): 94-101.

[13] 何广庆, 黄华. 观光农业发展中新农村景观设计的应用研究——以宜昌市"美丽乡村"建设主题为例 [J]. 农业现代化研究, 2016, 37 (2): 352-359.

[14] 胡保亮, 闫帅, 田萌. 环境动态性视角下网络能力对商业模式调适的影响研究 [J]. 技术与创新管理, 2019, 40 (3): 355-360.

[15] 胡海青, 王兆群, 张颖颖, 等. 创业网络、效果推理与新创企业融资绩效关系的实证研究——基于环境动态性调节分析 [J]. 管理评论, 2017, 29 (6): 61-72.

[16] 胡琴芳, 张广玲, 江诗松, 等. 基于连带责任的供应商集群内机会主义行为治理研究——一种网络治理模式 [J]. 南开管理评论, 2016, 19 (1): 97-107.

[17] 姜长云. 推进农村一二三产业融合发展的路径和着力点 [J]. 中州学刊, 2016 (5): 43-49.

[18] 姜忠辉, 罗均梅. 基于组织情境要素的内部创业模式分类研究 [J]. 科学学与科学技术管理, 2017 (9): 143-160.

[19] 康鑫，刘娣．农业企业知识扩散路径对知识进化的传导机制——基于知识共享的中介作用和知识基调节作用 [J]．科技管理研究，2018，38（21）：191-197．

[20] 蓝海涛，周振．我国"互联网+农村经济"发展现状与政策建议 [J]．宏观经济管理，2018（7）：31-38，65．

[21] 雷星晖，单志汶，苏涛永，等．谦卑型领导行为对员工创造力的影响研究 [J]．管理科学，2015，28（2）：115-125．

[22] 李含悦，张润清．国外农业合作组织发展经验对农业产业化联合体建设的启示 [J]．改革与战略，2018，34（12）：116-122．

[23] 李浩．孵化网络治理机制、网络负效应对网络绩效的影响 [D]．西安：西安理工大学，2016．

[24] 李怀．农地"三权分置"助推乡村振兴：理论逻辑与机制构建 [J]．当代经济研究，2021（8）：79-87．

[25] 李静，谢靖屿，林嵩．榜样会触发个体创业吗？基于农民样本的创业事件研究 [J]．管理评论，2017，29（3）：27-39．

[26] 李坤荣，乔长晟．美国农业发展模式的环境风险及其警示 [J]．世界农业，2017（11）：69-75．

[27] 李铭泽，刘文兴，彭坚．科研合作与团队知识创造：一个网络交互模型 [J]．科研管理，2016，37（5）：51-59．

[28] 李树，于文超．农村金融多样性对农民创业影响的作用机制研究 [J]．财经研究，2018，44（1）：4-19．

[29] 李腾．农业产业化联合体融资模式研究 [J]．中国中小企业，2020（6）：187-188．

[30] 李炎炎，高山行，高宇．战略导向对技术创新影响的异质性讨论——竞争程度的调节作用 [J]．科学学研究，2016，34（8）：1255-1262．

［31］李颖，赵文红，周密. 政府支持、创业导向对创业企业创新绩效的影响研究［J］. 管理学报，2018，15（6）：847-855.

［32］李志强，佟光霁. 基于农村视角的创业网络与创业过程互动演进［J］. 商业经济研究，2018（8）：124-127.

［33］练晓月，常平平. 新时代农业产业化联合体培育的财税政策支持研究［J］. 农业经济，2021（1）：97-99.

［34］林嵩. 创业网络的网络能力：概念建构与结构关系检验［J］. 科学学与科学技术管理，2012，33（5）：38-45.

［35］刘伟，雍旻，邓睿. 从生存型创业到机会型创业的跃迁——基于农民创业到农业创业的多案例研究［J］. 中国软科学，2018（6）：105-118.

［36］刘小元，林嵩. 社会情境、职业地位与社会个体的创业倾向［J］. 管理评论，2015，27（10）：138-149.

［37］刘学元，丁雯婧，赵先德. 企业创新网络中关系强度、吸收能力与创新绩效的关系研究［J］. 南开管理评论，2016，19（1）：30-42.

［38］刘志迎，沈磊，冷宗阳. 企业协同创新实证研究——竞争者协同创新的影响［J］. 科研管理，2020，41（5）：89-98.

［39］龙静. 创业关系网络与新创企业绩效——基于创业发展阶段的分析［J］. 经济管理，2016，38（5）：40-50.

［40］芦千文. 现代农业产业化联合体：组织创新逻辑与融合机制设计［J］. 当代经济管理，2017，39（7）：38-44.

［41］罗明忠，陈明. 人格特质、创业学习与农民创业绩效［J］. 中国农村经济，2014（10）：62-75.

［42］马小龙，周玲芳. 我国新型农业经营主体共生发展探究［J］. 农业开发与装备，2020（10）：54-55.

[43] 毛蕴诗，刘富先.双重网络嵌入、组织学习与企业升级 [J].东南大学学报（哲学社会科学版），2019，21（1）：54-65，144.

[44] 倪向丽.关于西部地区特色产业培育与财税扶持政策的思考 [J].金融经济，2018（2）：17-19.

[45] 农业农村部，国家发展改革委，财政部，等.关于促进农业产业化联合体发展的指导意见 [J].当代农村财经，2017（12）：38-41.

[46] 秦明，李大胜，李胜文.基于演化博弈的农业科技资源共享策略分析 [J].科技管理研究，2017，37（13）：116-120.

[47] 任志雨，郑碧莹，王泽尤，等.中国农业产业化联合体发展特点及前景 [J].农业展望，2020，16（6）：59-62，69.

[48] 芮正云，庄晋财.农民工创业者网络能力与创业绩效关系：动态能力的中介效应 [J].财贸研究，2014，25（6）：30-37.

[49] 尚旭东，吴蓓蓓.农业产业化联合体组织优化问题研究 [J].经济学家，2020（5）：119-128.

[50] 尚旭东，叶云.农业产业化联合体：组织创新、组织异化、主体行为扭曲与支持政策取向 [J].农村经济，2020（3）：1-9.

[51] 石琳，党兴华，韩瑾.风险投资机构网络中心性、知识专业化与投资绩效 [J].科技进步与对策，2016，33（14）：136-141.

[52] 孙永磊，宋晶，陈劲.企业家社会网络对商业模式创新的影响研究——竞争强度的调节作用 [J].管理评论，2019，31（7）：286-293，304.

[53] 覃曼，马连福.企业网络中心性对政治关联创新业绩影响的中介作用 [J].系统工程，2016，34（5）：48-54.

[54] 汤吉军，戚振宇，李新光.农业产业化组织模式的动态演化分析——兼论农业产业化联合体产生的必然性 [J].农村经济，2019，

435（1）：58-65.

[55] 陶文庆，鲍盛祥. 创业网络强度、知识获取与新创企业绩效关系实证分析 [J]. 商业经济研究，2015（25）：88-89.

[56] 万俊毅，曾丽军. 合作社类型、治理机制与经营绩效 [J]. 中国农村经济，2020（2）：30-45.

[57] 王海花，谢萍萍，熊丽君. 创业网络、资源拼凑与新创企业绩效的关系研究 [J]. 管理科学，2019，32（2）：50-66.

[58] 王涛，陈金亮. 新创企业持续成长研究——基于创业网络与合法性融合的视角 [J]. 财经问题研究，2018（8）：89-97.

[59] 王泽宇，严子淳. 社会网络强弱关系对互联网创业融资绩效影响研究 [J]. 管理学报，2019，16（4）：550-560.

[60] 王志刚，于滨铜. 农业产业化联合体概念内涵、组织边界与增效机制：安徽案例举证 [J]. 中国农村经济，2019，410（2）：62-82.

[61] 吴航，陈劲. 企业实施国际化双元战略的创新效应——以竞争强度为调节 [J]. 科学学研究，2018，36（2）：334-341.

[62] 吴石磊，王学真. 现代农业创业投资引导基金及其梭形投融资机制构建 [J]. 宏观经济研究，2017（11）：163-170.

[63] 吴伟伟，刘业鑫，高鹏斌. 研发项目群人员创新效能感对创新行为的影响 [J]. 科研管理，2019，40（8）：243-252.

[64] 夏晨. 集体土地所有权的张力及其消解——以集体土地的自然资源属性为进路 [J]. 农业经济问题，2021（7）：91-100.

[65] 熊立，杨勇，贾建锋. "能做"和"想做"：基于内驱力的双元创业即兴对双创绩效影响研究 [J]. 管理世界，2019，35（12）：143-157.

[66] 徐超，吴玲萍，孙文平. 外出务工经历、社会资本与返乡农

民工创业——来自 CHIPS 数据的证据 [J]. 财经研究, 2017, 43 (12): 30-44.

[67] 徐海俊, 武戈, 戴越. "一带一路" 建设与农业国际合作: 开放共享中的农业转型——中国国外农业经济研究会 2015 年学术研讨会综述 [J]. 中国农村经济, 2016 (4): 91-95.

[68] 徐宇. 论 "共享土地" 与精准扶贫、乡村振兴战略 [J]. 现代商贸工业, 2018, 39 (28): 106-107.

[69] 许成磊, 赵陈芳, 李美. 网络协同效应视角下的众创组织研究综述与展望 [J]. 研究与发展管理, 2018, 30 (5): 126-137.

[70] 许成磊, 赵陈芳, 张超. 交互导向创业型领导与团队簇创新绩效涌现——以团队间隶属层次为中介 [J]. 科研管理, 2020, 41 (11): 216-227.

[71] 许成磊, 赵雅曼, 张越. 创新扩散、创业网络情境导向对政策适应与创业团队创业绩效关系的影响 [J]. 管理学报, 2020, 17 (5): 704-714.

[72] 许成磊, 赵雅曼, 赵娅. 面向社会网络的团队间创业协同关系结构与效应研究 [J]. 科技进步与对策, 2018, 35 (17): 20-28.

[73] 许军林, 董泽淑. 基于问题解决理论的农业情报服务研究 [J]. 情报杂志, 2015, 34 (4): 191-195.

[74] 阎丽. 乡村旅游带动农村改革发展面临的挑战——评《乡村旅游: 中国农民的第三次创业》[J]. 探索, 2018 (2): 191-192.

[75] 杨俊青, 李欣悦, 边洁. 企业工匠精神、知识共享对企业创新绩效的影响 [J]. 经济问题, 2021 (3): 69-77.

[76] 杨梅, 刘章勇. 农业土地共享和土地分离及其潜在的生物多样性效应 [J]. 中国生态农业学报, 2017, 25 (6): 787-794.

[77] 杨卓尔, 高山行, 曾楠. 战略柔性对探索性创新与应用性创新

的影响——环境不确定性的调节作用 [J]. 科研管理, 2016, 37 (1):
1-10.

[78] 姚柱, 罗瑾琏, 张显春, 等. 互联网嵌入、双元创业学习与农民创业绩效 [J]. 科学学研究, 2020, 38 (4): 685-695.

[79] 叶宝娟, 方小婷. 创业环境与大学生创业意向的关系: 有调节的中介模型 [J]. 心理科学, 2017, 40 (6): 1442-1448.

[80] 尹成杰. 三权分置: 农地制度的重大创新 [J]. 农业经济问题, 2017, 38 (9): 4-6.

[81] 尹飞霄. 创业教育、创业意愿与大学生创业绩效——基于235份问卷调查的实证分析 [J]. 技术经济与管理研究, 2019 (2): 41-46.

[82] 云乐鑫, 杨俊, 张玉利. 创业企业如何实现商业模式内容创新?——基于"网络—学习"双重机制的跨案例研究 [J]. 管理世界, 2017 (4): 119-137, 188.

[83] 张宝建, 孙国强, 裴梦丹, 等. 网络能力、网络结构与创业绩效——基于中国孵化产业的实证研究 [J]. 南开管理评论, 2015, 18 (2): 39-50.

[84] 张磊, 刘长庚. 供给侧改革背景下服务业新业态与消费升级 [J]. 经济学家, 2017 (11): 37-46.

[85] 张宁. 共享经济引领农业发展研究——基于乡村振兴背景 [J]. 农村经济与科技, 2020, 31 (3): 21-22.

[86] 张秀娥, 祁伟宏, 李泽卉. 创业者经验对创业机会识别的影响机制研究 [J]. 科学学研究, 2017, 35 (3): 419-427.

[87] 张银普, 钱思, 胡平. 基于角色清晰与团队认同的创业团队断裂带对创业绩效的影响研究 [J]. 管理学报, 2020, 17 (4): 562-571.

[88] 张玉利. 创业管理: 管理工作面临的新挑战 [J]. 南开管理

评论，2003，6（6）：4-7.

[89] 赵观兵，梅强，万武. 创业环境动态性、创业者特质与创业资源识别关系的实证研究——以产业集群为视角 [J]. 科学学与科学技术管理，2010，31（8）：90-96.

[90] 赵鲲. 共享土地经营权：农业规模经营的有效实现形式 [J]. 农业经济问题，2016，37（8）：4-8.

[91] 钟榴，余光胜，潘闻闻，芮明杰. 资产共同专用化下制造企业联盟的价值创造与价值捕获——以索尼爱立信合资企业为例 [J]. 南开管理评论，2020，133（4）：203-214.

[92] 钟真，蒋维扬，赵泽瑾. 农业产业化联合体的主要形式与运行机制——基于三个典型案例的研究 [J]. 学习与探索，2021（2）：91-101，176，2.

[93] 周冲，黎红梅. 农业产业化联合体发展：三产融合视角——来自 GS 粮食产业化联合体的案例分析 [J]. 安徽行政学院学报，2019（1）：17-22.

[94] 周立群，曹利群. 农村经济组织形态的演变与创新——山东省莱阳市农业产业化调查报告 [J]. 经济研究，2001（1）：69-75，83-94.

[95] 周荣，喻登科，刘显球. 全要素网络下技农贸一体化与"互联网+农业"可持续发展 [J]. 科技进步与对策，2018，35（10）：72-80.

[96] 朱青，张艾荣. 政府间供应链合作关系、信息共享与电子公共服务绩效关系研究 [J]. 电子商务，2018（5）：35-37.

[97] 邹良影，谢志远，张呈念. 社会工作介入现代农业创业型人才培育的实践探索研究 [J]. 高等工程教育研究，2015（6）：72-75.

二、英文参考文献

［1］ ALKIS N, TEMIZEL T T. The Impact of Individual Differences on Influence Strategies ［J］. Personality and Individual Differences, 2015（87）: 147-152.

［2］ ARAFAT M Y, SALEEM I, DWIVEDI A K, et al. Determinants of Agricultural Entrepreneurship: A GEM Data Based Study ［J］. International Entrepreneurship and Management Journal, 2020（16）: 345-370.

［3］ ASIM Y, MALIK A K, RAZA B, et al. A Trust Model for Analysis of Trust, Influence and Their Relationship in Social Network Communities ［J］. Telematics & Informatics, 2019, 36（3）: 94-116.

［4］ BENSON T, MOGUES T, WOLDEYOHANNES S. Assessing Progress Made toward Shared Agricultural Transformation Objectives in Mozambique ［J］. Social Science Electronic Publishing, 2014（10）: 1-39.

［5］ BERTI G, MULLIGAN C. Competitiveness of Small Farms and Innovative Food Supply Chains: The Role of Food Hubs in Creating Sustainable Regional and Local Food Systems ［J］. Sustainability, 2016, 8（7）: 616-647.

［6］ BOGERS M, CHESBROUGH H, MOEDAS C, et al. Open Innovation: Research, Practices, and Policies ［J］. California Management Review, 2018, 60（2）: 5-16.

［7］ BRENTANI U D, KLEINSCHMIDT E J. The Impact of Company Resources and Capabilities on Global New Product Program Performance ［J］. Project Management Journal, 2015, 46（1）: 12-29.

［8］ BROWN C, MILLER S. The Impacts of Local Markets: A Review of Research on Farmers Markets and Community Supported Agriculture

(CSA) [J]. American Journal of Agricultural Economics, 2008, 90 (5): 1298-1302.

[9] CHAN K, UY M A, CHERNYSHENKO O S, et al. Personality and Entrepreneurial, Professional and Leadership Motivations [J]. Personality and Individual Differences, 2015 (7): 161-166.

[10] COAD A, FRANKISH J S, ROBERTS R G, et al. Predicting New Venture Survival and Growth: Does the Fog Lift? [J]. Small Business Economics, 2016, 47 (1): 217-241.

[11] CZYŻEWSKI A, SMEDZIK-AMBROŻY K. Specialization and Diversification of Agricultural Production in the Light of Sustainable Development [J]. Journal of International Studies, 2015, 8 (2): 63-73.

[12] DERELI D D. Innovation Management in Global Competition and Competitive Advantage [J]. Procedia-Social and Behavioral Sciences, 2015 (195): 1365-1370.

[13] ENGELEN A, KUBE H, SCHMIDT S, et al. Entrepreneurial Orientation in Turbulent Environments: The Moderating Role of Absorptive Capacity [J]. Research Policy, 2014, 43 (8): 1353-1369.

[14] ETHIOPIA S. Internationalization of Family SMEs: the Impact of Ownership, Governance, and Top Management Team [J]. Journal of Management & Governance, 2012, 16 (1): 97-123.

[15] FERRIANI S, CATTANI G, BADENFULLER C, et al. The Relational Antecedents of Project-entrepreneurship: Network Centrality, Team Composition and Project Performance [J]. Research Policy, 2009, 38 (10): 1545-1558.

[16] FREEMAN L C. Centrality in Social Networks: Conceptual Clarication [J]. Social Networks, 1979, 1 (3): 215-239.

[17] GONG Y, HUANG J C, FARH J L. Employee Learning Orientation, Transformational Leadership, and Employee Creativity: The Mediating Role of Employee Creative Self-efficacy [J]. Academy of Management Journal, 2009, 52 (4): 765-778.

[18] HAFEZALKOTOB A, JOHN J J. Sharing Economy in Organic Food Supply Chains: A Pathway to Sustainable Development [J]. International Journal of Production Economics, 2019 (218): 322-338.

[19] HANSEN B G, GREVE A. The Role of Human and Social Capital in Dairy Farming [J]. Rural Society, 2015, 24 (2): 154-176.

[20] HASHIM N A, RAZAINAI S, MINAI M S, et al. Relationship between Entrepreneurial Competencies and Small Firm Performance: Are Dynamic Capabilities the Missing Link? [J]. Academy of Strategic Management Journal, 2018, 17 (2): 48-58.

[21] HECHAVARRÍA, DIANA M, WELTER C. Opportunity Types, Social Entrepreneurship and Innovation: Evidence from the Panel Study of Entrepreneurial Dynamics [J]. International Journal of Entrepreneurship & Innovation, 2015, 16 (4): 237-251.

[22] HUDA M, MAT TEH K S, NOR MUHAMAD N H, et al. Transmitting Leadership Based Civic Responsibility: Insights from Service Learning [J]. International Journal of Ethics and Systems, 2018, 34 (1): 20-31.

[23] KENNY C. Exaptation Dynamics and Entrepreneurial Performance: Evidence from the Internet Video Industry [J]. Industrial & Corporate Change, 2016, 25 (1): 181-198.

[24] KOLLMANN T, STOCKMANN C. Filling the Entrepreneurial Orientation-performance Gap: The Mediating Effects of Exploratory and Ex-

ploitative Innovations [J]. Entrepreneurship Theory & Practice, 2014, 38 (5): 1001-1026.

[25] KOLODINSKY J M, PELCH L L. Factors Influencing the Decision to Join a Community Supported Agriculture (CSA) Farm [J]. Journal of Sustainable Agriculture, 1997, 10 (2-3): 129-141.

[26] KRISHNAN T N, SCULLION H. Talent Management and Dynamic View of Talent in Small and Medium Enterprises [J]. Human Resource Management Review, 2016, 27 (3): 431-441.

[27] LEHENE C F, BORZA A. An Integrative Framework of Relational Governance Mechanism Building in Strategic Alliances [J]. Virgil Madgearu Review of Economic Studies & Research, 2017, 10 (2): 95-131.

[28] LENGERS J, DANT R P, MEISEBERG B. Conflict Dynamics in Interfirm Relationships: An Exploratory Analysis of the Importance of Governance Mechanisms [J]. 2015, 28 (7): 273-297.

[29] LIU J. Development Research on Rural Human Resources Under Urban-rural Integration [J]. Argo Food Industry Hi-tech, 2017, 28 (3): 2974-2978.

[30] LYNCH S E, MORS M L. Strategy Implementation and Organizational Change: How Formal Reorganization Affects Professional Networks [J]. Long Range Planning, 2018, 52 (2): 255-270.

[31] MANFREDI, FAZIO D. Agriculture and Sustainability of the Welfare: The Role of the Short Supply Chain [J]. Agriculture and Agricultural Science Procedia, 2016 (8): 461-466.

[32] MANSON S M, JORDAN N R, NELSON K C, et al. Modeling the Effect of Social Networks on Adoption of Multifunctional Agriculture [J].

Environmental Modelling & Software, 2016, 75 (1): 388-401.

[33] MAYER K J, SPARROWE R T. Integrating Theories in AMJ Articles [J]. Academy of Management Journal, 2013, 56 (4): 917-922.

[34] MORAINE M, DURU M, NICHOLAS P, et al. Farming System Design for Innovative Crop-livestock Integration in Europe [J]. Animal, 2014, 8 (8): 1204-1217.

[35] MOURATIADOU I, BIEWALD A, PEHL M, et al. The Impact of Climate Change Mitigation on Water Demand for Energy and Food: An Integrated Analysis Based on the Shared Socioeconomic Pathways [J]. Environmental Science & Policy, 2016 (64): 48-58.

[36] NELSON K C, BRUMMEL A. Social Networks in Complex Human and Natural Systems: the Case of Rotational Grazing, Weak Ties, and Eastern US Dairy Landscapes [J]. Agr Hum Values, 2014, 31 (2): 245-259.

[37] PALAZZO A, VERVOORT J M, MASONDCROZ D, et al. Linking Regional Stakeholder Scenarios and Shared Socioeconomic Pathways: Quantified West African Food and Climate Futures in a Global Context [J]. Global Environmental Change-human and Policy Dimensions, 2017 (45): 227-242.

[38] PALLOTTI F, LOMI A. Network Influence and Organizational Performance: The Effects of Tie Strength and Structural Equivalence [J]. European Management Journal, 2011, 29 (5): 389-403.

[39] PARTANEN J, CHETTY S K, RAJALA A. Innovation Types and Network Relationships [J]. Entrepreneurship Theory & Practice, 2014, 38 (5): 1027-1055.

[40] PITTZ T G, WHITE R, ZOLLER T. Entrepreneurial Ecosystems

and Social Network Centrality: The Power of Regional Dealmakers [J].
Small Business Economics, 2019 (3): 1-14.

[41] PURDUE D, KIMBERLEE R, ORME J. Shared Space: Sustainble Innovation Strategies in Urban Health and Environmental Policy [J].
Sustainability Collection, 2009, 5 (4): 219-230.

[42] QU R, JANSSEN O, SHI K. Transformational Leadership and
Follower Creativity: The Mediating Role of Follower Relational Identification
and the Moderating Role of Leader Creativity Expectations [J]. Leadership
Quarterly, 2015, 26 (2): 286-299.

[43] RICHARD S A, ADRIAN V B. Tourism, Farming and Diversification: An Attitudinal Study [J]. Tourism Management, 2006, 27 (5):
1040-1052.

[44] ROTZ S, FRASER E D G. Resilience and the Industrial Food
System: Analyzing the Impacts of Agricultural Industrialization on Food
System Vulnerability [J]. Journal of Environmental Studies and Sciences,
2015, 5 (3): 459-473.

[45] SCHMIDT M C, KOLODINSKY J M, DESISTO T P, et
al. Increasing Farm Income and Local Food Access: A Case Study of a Collaborative Aggregation, Marketing, and Distribution Strategy that Links Farmers to
Markets [J]. Journal of Agriculture, Food Systems, and Community Development, 2016, 1 (4): 157-175.

[46] SEMUEL H, SIAGIAN H, OCTAVIA S, et al. The Effect of
Leadership and Innovation on Differentiation Strategy and Company
Performance [J]. Procedia – Social and Behavioral Sciences, 2017 (237):
1152-1159.

[47] SEWELL A M, GRAY D I, BLAIR H T, et al. Hatching New I-

deas About Herb Pastures: Learning Together in A Community of New Zealand Farmers and Agricultural Scientists [J]. Agricultural Systems, 2014, 125: 63-73.

[48] SEWELL A M, HARTNETT M K, GRAY D I, et al. Using Educational Theory and Research to Refine Agricultural Extension: Affordances and Barriers for Farmers' Learning and Practice Change [J]. The Journal of Agricultural Education and Extension, 2017, 23 (4): 313-333.

[49] SHAN P, SONG M, JU X, et al. Entrepreneurial Orientation and Performance: Is Innovation Speed a Missing Link? [J]. Journal of Business Research, 2016, 69 (2): 683-690.

[50] SITI N. Strategic Human Resource Planning: Responding to Changes Dynamic Business Environment and Effective to Achieve Competitive Advantage [J]. Journal of Social Science Studies, 2017, 4 (2): 117.

[51] SLOTTE-KOCK S, COVIELLO N. Entrepreneurship Research on Network Processes: A Review and Ways Forward [J]. Entrepreneurship Theory & Practice, 2010, 34 (1): 31-57.

[52] TOUZARD J M, TEMPLE L, FAURE G, et al. Innovation Systems and Knowledge Communities in the Agriculture and Agrifood Sector: A Literature Review [J]. Journal of Innovation Economics & Management, 2015 (2): 117-142.

[53] VARAMAKI E, JOENSUU S, VILJAMAA A, et al. Starting up a Firm or Not: Differences in the Antecedents of Entrepreneurial Intentions [J]. Industry and Higher Education, 2016, 30 (3): 239-249.

[54] WASHBURN D K, FAST S. Ritual Songs of the Cora of West Mexico and the Hopi of the American Southwest: Shared Ideas Related to Maize Agriculture [J]. Journal of the Southwest, 2018, 60 (1): 74-114.

［55］WEGNER D, KOETZ C. The Influence of Network Governance Mechanisms on the Performance of Small Firms ［J］. International Journal of Entrepreneurship & Small Business, 2016, 27 (4): 463-479.

［56］YASIR M, MAJID A, YASIR M. Entrepreneurial Knowledge and Start-up Behavior in a Turbulent Environment ［J］. The Journal of Management Development, 2017, 36 (9): 1149-1159.

［57］YASIR M, MAJID A, YASIR N Z. Entrepreneurial intention: A Study of Individual, Situational and Gender Differences ［J］. Journal of Small Business and Enterprise Development, 2017, 24 (2): 333-352.

［58］ZHOU W, VREDENBURGH D J, ROGOFF E G, et al. Informational Diversity and Entrepreneurial Team Performance: Moderating Effect of Shared Leadership ［J］. International Entrepreneurship and Management Journal, 2015, 11 (1): 39-55.

后　记

　　衷心感谢本书的各位引文作者，衷心感谢母校昆明理工大学的教育，感谢管理与经济学院诸位师长的关心和栽培！

　　"逝者如斯夫，不舍昼夜"，蓦然顿思，已求学创业数十载，常习初心："为天地立心，为生民立命，为往圣继绝学，为万世开太平。"然则，虽夜以继日不曾有懈怠之时，仍深感求索路上"学不精、业未立、知不足"，幸好上有恩师于迷津指途引领，中有友人于困顿帮扶赋能，内有家人于疲惫时悉心照顾，方能潜心于学习创业。

　　刚入母校读研，正逢校园樱花烂漫之季，深惜大学毕业数年后能够回到学校学习的时光，争分夺秒，最终完成了硕研阶段课程，并顺利毕业。在恩师段万春院长、介俊副院长的鼓励下，继续报考了学校的博研。博研阶段，虽完成了基础课程，但在进入博士论文阶段，由于个人选择了自主创业，道路维艰，一路荆棘，致使于学业、创业和家庭之间常难以兼顾，时感力不从心，因此，几经心生弃学之念。在此艰难时期，恩师段万春教授、导师孙永河教授耳提面命，鼓励鞭策，悉心解惑；许成磊博士、韩玮博士、吴晓亮博士、密其宝博士等师兄弟从论文选题、资料查阅、方法探讨到完善修改，给予我极大帮助；我创业团队的伙伴们在工作中主动分担任务，处理各种繁重事务；我的爱人廖红梅，在生活中几乎担起了所有的家庭事务，并常陪伴我左右，晓情动理。于此，我才能聚焦精力，心无旁骛。经过几年的努力，论文即将完稿。

首先，感谢两位恩师：段万春教授、孙永河教授，在我的学习生涯中，不弃我的愚钝，不厌其烦地教导我，特别是在我困惑时期，给予我无私的关心和辅导。这使我能够重拾信心，下定决心在学业的路上不断前进，达成学习目标。

其次，感谢几位师兄弟的无私帮助。特别是他们在繁忙的工作和学术研究之余，和我一起研讨、联系各种学习事务，让我学到了我们研究团队的学术能力并感受到了深厚的友谊。

再次，感谢我的家人，特别是我的爱人和母亲。生活上她们对我和孩子无微不至的照顾，让我内心时刻充满了温暖和力量。同时，也感谢我的两个孩子：博雅和修齐，在生活中，给予了我无限的幸福和快乐，并让我对未来充满了希望！

寒窗数十载，历经几春秋，学业即将完成。常思家国之志，能为家庭、家族、家乡、国家有所贡献；常省三立之向，立德、立功、立言能有所建树。从风华之年，悄然已至中年之际，家国与三立，未见所成，心急如焚，泪已满襟。怎奈个人才疏学浅，能力有限，唯有昼夜勤勉，方能不负初心，不负恩师、亲友及家人之厚望！